やさしい甘さのバナナケーキ、
食事にもなるキャロットケーキ

高石紀子

BANANA CAKES et CARROT CAKES

# 世界中で愛される
## バナナケーキとキャロットケーキ

私が初めて作ったお菓子は、バナナケーキでした。
「おいしい」と言って食べてくれる母の笑顔がうれしくて、
気がつくとお菓子作りが大好きになっていました。

バナナケーキはそのくらい素朴で、簡単で、家庭的なお菓子です。
キャロットケーキもそう。ともにアメリカやイギリスで広く作られていますが、
今ではお菓子の本場、フランスでも愛されるようになりました。
その理由は「シンプルでナチュラルだから」。

バナナもにんじんも、とても糖分が多い食材です。
本書では、そのぶんだけ砂糖の使用量を少なめにし、
自然の甘みを生かした配合になっています。
バナナやにんじんを、「具材」と言うよりも「糖分の一部」として考えているのです。

自己主張も控えめなので、ほかの食材との相性も抜群です。
バナナやにんじんのやさしい甘さの中で、
チョコレートやキャラメル、フルーツなどの味が際立ちます。

好きな大きさに切り分けて、手軽にプレゼントできるのもいいところ。
簡単に包んで渡すだけでもかわいく見えて、
断面によい表情が出るように工夫しました。

フランス菓子の洗練された華やかさと、
アメリカ菓子の親しみやすさを兼ね備えたレシピです。
気負わずに、楽しんで作っていただけたらうれしいです。
慣れてきたらぜひ自分のオリジナルのレシピを作ってみてください。
これからもずっと、何度も作っていただけるレシピになれたら、幸いです。

高石紀子

*Sommaire*

世界中で愛される
バナナケーキと　2
キャロットケーキ

バナナについて　6
にんじんについて　7

道具について　8
型について　9

**BANANA CAKES**

# バナナケーキ

## 基本のバナナケーキ　10

チョコレートと合わせる
- チョコレート　15
- チョコチップとフランボワーズ　16
- チョコレートのマーブル　17

キャラメルと合わせる
- キャラメルのマーブル　20
- アプリコットのフロランタン風　21
- 粒キャラメルとカシス　24

風味を変える
- くるみのシナモン風味　26
- ローズマリーとライムの風味　26
- カルダモンとレモンの風味　27
- 紅茶　27

くだものを加える
- りんごとメープル　30
- フリュイルージュとピスタチオ　31
- マンゴーとココナッツ　34
- ブルーベリーとクリームチーズ　34

和風にする
- 抹茶　36
- 酒粕　37
- あんこときな粉　37

大人向けにする
- ラムレーズン　40
- ブランデーといちじく　41
- オレンジコンフィとヘーゼルナッツ　41

## CARROT CAKES
# キャロットケーキ

### 基本のキャロットケーキ　44

| | | |
|---|---|---|
| くだものを加える | りんご | 50 |
| | グレープフルーツとカルダモン | 51 |
| | アプリコットとレモン | 54 |
| | パイナップルとココナッツ | 54 |
| ナッツを加える | くるみとバナナ | 56 |
| | あずき | 57 |
| | アーモンドとオレンジ | 57 |
| チョコレートと合わせる | チョコチップと五香粉 | 60 |
| | フォレノワール風 | 61 |
| 甘い野菜を加える | ミニトマト | 64 |
| | かぼちゃとヘーゼルナッツ | 65 |
| | しょうがのコンフィ | 65 |
| サレにする | ベーコン、キャベツ、粒マスタード | 68 |
| | サーモンとブロッコリー | 69 |
| | クミン風味のにんじん | 69 |

## POUND CAKES
# 野菜のパウンドケーキ

さつまいものパウンドケーキ　74
とうもろこしのパウンドケーキ　76
かぼちゃのパウンドケーキ　78

### この本の使い方

○材料の分量は「正味」です。くだものや野菜は皮や種など、通常は不要とされる部分は取り除いてから計量してください。皮をつけたまま使用する場合はレシピに明記してあります。
○使用する道具や型についてはP8、9をご覧ください。
○オーブンは電気のコンベクションオーブンを使用していますが、ガスオーブンでも同様に作れます。ただし、焼成温度、時間は機種により異なりますので、様子を見ながら焼いてください。オーブンの火力が弱い場合は焼成温度を10℃上げてください。
○電子レンジは600Wのもの、フライパンはフッ素樹脂加工のものを使っています。
○大さじ1は15mℓ、小さじ1は5mℓです。

# バナナについて
**LES BANANES**

### 美肌にも効果的

　バナナは消化がよく、手軽にとれるエネルギー源。だけどそれだけではありません。ポリフェノールや食物繊維、ビタミンB群などが豊富に含まれ、健康や美容もサポートしてくれます。特にポリフェノールの含有量は、くだものの中でもトップクラス。抗酸化作用があり、細胞や組織を錆びつかせる活性酸素を取り除いて、がんや生活習慣病、老化などから体を守ってくれます。
　女性にとってうれしい働きをしてくれるのが食物繊維やビタミンB群。食物繊維は腸内環境をととのえて新陳代謝をよくし、みずみずしい肌を保つことができます。ビタミンB群には肌荒れなどを解消する働きがあるので、美肌づくりに効果的です。

### 「シュガースポット」が出たら食べごろ

　バナナは安定して輸入されているので、一年を通しておいしいものが手に入ります。選ぶときは全体的に黄色く色づき、へたがしっかりとしているものがよいでしょう。
　基本的には風通しのよい常温で保存します。「シュガースポット」と呼ばれる茶色い斑点が出てきたら、熟して糖度が増えたサインです。熱帯原産のくだものなので、冷蔵室で保存すると、低温障害で皮が黒くなることがあります。

### 生食用と調理用がある

　バナナの種類は大きく分けて生食用と調理用の2つがあります。ふだん私たちが食べているのは生食用で、調理用は加熱して食べるものですが、めったに見かけません。本書では生食用を使用しています。
　300以上の品種があるといわれていますが、一般的な生食用バナナのほとんどがフィリピン産の「ジャイアント・キャベンディッシュ」という品種。最近では、小型の「セニョリータ（モンキーバナナ）」や、皮が赤茶色の「モラード」、沖縄や奄美諸島で栽培されている「島バナナ」なども人気ですが、流通量は少なめです。

# にんじんについて
## LES CAROTTES

### β-カロテンたっぷりの健康野菜

　英語名の「キャロット」が語源といわれる「カロテン」。鮮やかなオレンジ色もカロテンによるものです。にんじんにはカロテンの一種であるβ-カロテンが特に多く含まれ、野菜の中でも断トツの含有量を誇ります。免疫力を高めたり、肌や髪にうるおいを与えたり、ウイルスの侵入を防いで病気を予防したり、眼精疲労を改善したりといいこと尽くめ！　β-カロテンは皮に近い部分に多く含まれているので、皮はできるだけ薄くむくのがおすすめです。
　また、β-カロテンは油との相性がよく、油と一緒にとると吸収率がアップします。キャロットケーキはサラダ油を使用するので、β-カロテンを効率よくとれる食べ方といえます。

### おいしい時期は秋から冬

　にんじんは一年中手に入りやすい野菜ではありますが、秋から冬にかけては甘みが増し、栄養価も高くなります。
　買うときはつやがあってオレンジ色が濃く、茎のつけ根が小さいものを選びましょう。葉つきの場合は、葉がみずみずしいものが新鮮です。水けに弱い野菜なので、新聞紙などで包んでから冷蔵室で保存すると長持ちします。

### 西洋系の五寸にんじんが一般的

　にんじんの種類は西洋系と東洋系の2つに大きく分かれています。スーパーなどでよく目にするのは西洋系のにんじんです。
　西洋系は長さ15〜20cmの「五寸にんじん」と呼ばれるものが主流で、昔に比べると品種改良で独特の臭みが減り、甘みが増して食べやすくなりました。また、東洋系で有名なのが「金時にんじん」。「京にんじん」とも呼ばれ、深い紅色をしていて長さは30cmほどもあります。正月用に出回ることが多いです。

# 道具について　LES USTENSILES

特殊な道具は使っていません。
お菓子作りの基本的な道具があれば十分です。

**1 はかり**
1g単位で正確にはかれるデジタル式のものがよいでしょう。お菓子作りでは材料をあらかじめ計量しておいてください。

**2 泡立て器**
ワイヤーの本数が多く、丈夫なステンレス製をおすすめします。用途やボウルの大きさに合わせて、大小をそろえておくと重宝します。

**3 ハンドミキサー**
機種によってパワーに差があります。レシピの混ぜ時間は目安なので、生地の状態を見て判断を。

**4 ゴムべら／木べら**
ゴムべらは耐熱シリコン製が便利です。ほどよいしなりがあり、生地が混ぜやすいです。キャラメルやジャムを作る際には、色がうつることもあるので、木べらがあればそちらを使いましょう。

**5 ボウル**
生地を作るメインのボウルは直径20cm程度のステンレス製がよいでしょう。できるだけ深さのあるものが混ぜやすいです。バナナをつぶしたり、卵を溶いたりする小さめのボウルもいくつかあるとよいでしょう。

**6 万能こし器**
粉類をふるうときや裏ごしをするときに使うもので、目の細かいものが理想的です。網が二重のものは目詰まりしやすいので、一重のもので構いません。

**7 オーブン用シート**
特殊加工が施してあり、熱や油、水分などに強いのが特徴です。お菓子作りでは生地がくっつかないように型に敷き込んだり、天板に敷いたりします。

**8 はけ**
山羊毛やナイロン、シリコン製などがあります。生地にシロップや酒を塗る（アンビベ）ときや、アイシングを塗るときにあると便利です。においがつきやすいので、使用後はよく洗って乾かします。

**9 ゼスター（グレーター）**
柑橘類の皮や野菜、チョコレート、チーズなどをすりおろす道具。目詰まりしにくく、ふんわりとすりおろせます。マイクロプレインのものが有名です。おろし器で代用しても問題ありません。

**10 スライサー**
包丁で切るよりも素早く均一にせん切りにすることができます。薄切りやすりおろしもできる、歯をつけ替えるタイプのものもあります。

**11 ケーキクーラー（網）**
焼き上がったケーキなどをのせて冷ます網のこと。脚がついているので、熱や余分な水分を効率よく逃がします。オーブンに付属されている場合もあります。

# 型について　LES MOULES À CAKE

18cmのパウンド型を使用しています。
型にはあらかじめオーブン用シートを敷き込みます。

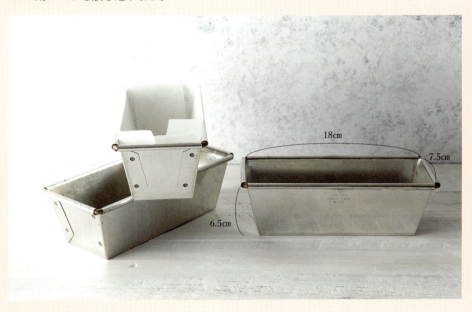

本書では熱伝導率がよく、美しい焼き上がりに定評のあるマトファーの「パウンド焼き型18cm（スズメッキ製）」を使いました。材料の分量もこの型に合わせた量。ほかのメーカーの18cm型で作ると、写真よりかは低く焼き上がる可能性があります。同じ分量で15、16cmのパウンド型など、やや小さめのものでも作れます。ただしキャロットケーキのサレ（P68〜71）は生地の量が多いので不可。

### 紙の敷き込み方

1 オーブン用シートを30×25cmほどに切り出し、中心に型を置く。短辺の底に沿わせてオーブン用シートに軽く折り目をつける ⓐ。型をはずし、折り目に合わせてしっかりと折る ⓑ。長辺は1辺ずつ同様に軽く折り目をつけ、しっかりと折る ⓒⓓ。

2 オーブン用シートを型に当て、型からはみ出る部分は折り目をつけて ⓔ ペティナイフなどで切り落とす ⓕ。

3 写真のように4か所に切り込みを入れる ⓖ（折り目より少々先まで切る ⓗ）。

4 切り込みを入れた四隅を半分に折り、切り落とす ⓘ。

5 型に入れ ⓙⓚ、角を指で押さえて浮かないように敷き込む ⓛ。

# BANANA CAKES

## バナナケーキ

従来のしっとり、どっしりとしたバナナケーキとは異なり、
軽い口あたりで、やさしい甘さが広がる、洗練されたバナナケーキです。
とてもおいしく、何度作っても、何度食べても、飽きることがありません。
その秘密は、バナナをピュレ状にしたものと粗くつぶしたものに分けたこと。
ピュレ状は生地の甘みに、粗くつぶしたものは食感のアクセントになります。
少ない材料で気軽に作れるので、おやつにぴったりです。

**BANANA CAKE**

# 基本のバナナケーキ
*nature*

### 材料（18cmパウンド型1台分）

バター（食塩不使用）　70g
グラニュー糖　60g
卵　L1個(60g)
バナナ　35+45g

A
薄力粉　80g
ベーキングパウダー　小さじ½

ⓐ  ⓑ

ⓒ  ⓓ

ⓔ  ⓕ

### 下準備

○バターは常温（約25℃）にもどす。
→冷蔵室から出し、指で押すとすっと入るくらいまでやわらかくする ⓐ。急ぐ場合はバターをラップで包んで均等に薄くのばし、電子レンジで5秒ずつ様子を見ながら加熱する。溶かさないよう注意。

○卵は常温（約25℃）にもどし、フォークなどで溶きほぐす ⓑ。
→冷たい卵は生地に混ざりにくい。卵白を切るように全体をよく混ぜる。

○バナナ35gはフォークの背でつぶし、ピュレ状にする ⓒ。残りのバナナ45gは1cm未満のかたまりが残る程度にフォークの背で粗くつぶす ⓓ。
→レシピによってはピュレ状のもののみ使用する。

○**A**は合わせてふるう ⓔ。
→万能こし器や目の細かいざるに入れてふるう。だまになりにくく、生地をなめらかにするため。製菓の基本技術のひとつ。

○型にオーブン用シートを敷く ⓕ。
→オーブン用シートの敷き込み方はP9を参照。

○オーブンはほどよいタイミングで200℃に予熱する。
→予熱時間は機種によって異なるので、タイミングを見て予熱を始めること。

## 基本の材料

**バター**
生地には発酵バター（食塩不使用）を使用したが、普通のバター（食塩不使用）でも大きな違いは出ない。発酵バターにはさわやかな酸味があるので、より軽やかな仕上がりになる。

**グラニュー糖**
砂糖はくせのないグラニュー糖。製菓用の微粒子タイプであれば生地にもなじみやすい。上白糖だと味が少々変わってしまう。

**卵**
Lサイズ1個、正味60gが目安。なるべく新鮮なものがよい。個体差があるので計量して確認を。±5g程度は許容範囲。生地になじみやすいように常温（約25℃）にもどしてから使う。

**バナナ**
皮にシュガースポットが出て、実がやわらかくなったものがおすすめ。硬い場合は常温において追熟させるとよい。

**薄力粉**
きめの細かい仕上がりになる製菓用の「スーパーバイオレット」を使用したが、「バイオレット」でもよい。食感が変わってしまうので「フラワー」は避ける。

**ベーキングパウダー**
生地を膨張させ、焼き菓子をふっくらと焼き上げる。アルミニウムフリーのものを使用。

BANANA CAKE 基本のバナナケーキ ~ nature

作り方

1 ボウルにバターとグラニュー糖を入れ、ゴムべらでグラニュー糖が完全になじむまですり混ぜるⓐⓑ。
→いきなりハンドミキサーで混ぜ始めるとグラニュー糖が飛び散りやすいので、先にゴムべらで混ぜて一体化させる。

2 ハンドミキサーの高速で全体に空気を含ませるようにしながら3分ほど混ぜるⓒ。
→ハンドミキサーを大きく回しながら、全体が白っぽくなるまで混ぜる。混ぜ終わったらゴムべらでまとめるⓓ。

3 卵を5回ほどに分けて加えⓔ、そのつどハンドミキサーの低速で10秒ほど混ぜてから高速にしてさらに混ぜ、全体になじむまでしっかりと混ぜ合わせるⓕ。
→2と同様に適宜ゴムべらで生地をまとめながらⓖハンドミキサーで混ぜる。
→卵を5回ほどに分けて加えるのは分離しないようにするため。低速で少しなじませたら高速にして、完全になじむまでよく混ぜ合わせる。もしも分離してしまった場合は、Aを大さじ1ほど加えて混ぜると、粉類が卵の水分を吸収し、生地が落ち着く。

4 ピュレ状にしたバナナ35gを加えⓗ、ゴムべらで軽く混ぜてなじませるⓘ。
→全体になじめばOK。

5 Aを加え、片手でボウルを回しながら、底から大きくすくい返すようにして全体を20回ほど混ぜるⓙⓚ。少し粉けが残るくらいでOKⓛ。
→ボウルの奥のほうからゴムべらを差し込んで、「の」の字を描くイメージで、底からすくい上げるようにしてゴムべらを返す。同時に片手でボウルを手前に回し、生地全体が効率よく混ざるようにする。
→ボウルの側面についた生地もときどき落としながら混ぜるとむらがなくなる。
→混ぜすぎたり、つぶすように混ぜるのはNG。完全に混ぜきらず、少し粉が見えている状態でOK。

6 粗くつぶしたバナナ45gを加えⓜ、同様に5〜10回混ぜる。粉けがなくなり、表面につやが出たらOKⓝ。
→バナナの形を残したいので、つぶさないように混ぜ合わせる。ここで粉類も完全になじませる。

7 型に6を入れⓞ、底を台に2〜3回打ちつけて生地の表面を平らにならすⓟ。予熱完了後に180℃に下げたオーブンで35分ほど焼く。
→生地の量は型の高さの8分目が目安。台に打ちつけて余分な空気を抜き、生地の表面を平らにする。
→天板の中央に型をのせ、オーブンの下段で焼く。作業は手早く行うこと。オーブンは扉を開閉すると庫内の温度が下がるので、高めの温度で予熱をしている。焼成時は必ず180℃にする。

8 裂け目に軽く焼き色がつき、竹串を刺してもなにもついてこなければできあがりⓠ。オーブン用シートごと型からはずし、網に上げて冷ますⓡ。
→竹串にゆるい生地がついてきた場合はオーブンに戻し、追加で5分ずつ様子を見ながら焼く。
→網に上げたら側面の紙ははがす。焼きたても、冷めてからもおいしくいただける。

*Note*
○バナナのやさしい甘みが感じられる素朴で食べやすい基本のバナナケーキ。
○焼きたては外側はカリッ、中はふわふわ。翌日からはしっとりとした食感になる。
○バナナは全量をピュレ状にしてしまうと水けが出て生地が重たくなるので、1/2量強を粗くつぶすだけに留めておくことで軽い口あたりになる。
○バナナが余った場合は厚さ5mmほどの輪切りにして、冷ましたケーキにのせてもかわいいⓢ。どのバナナケーキでも応用可。
○完全に冷めたらラップで包みⓣ、冷蔵室で保存する。保存の目安は4〜5日。バターを使用した生地は冷やすと硬くなるので、食べるときは常温にもどす。ホールでもカットしたものでも同様。

## トッピング

レシピ以外に、お好みでトッピングを楽しんでください。見た目も味も異なる3つの方法を紹介します。

### ● クランブル

バター、砂糖、薄力粉、アーモンドパウダーなどを混ぜてそぼろ状にしたもの。焼成すると、ホロホロとした食感が楽しめる。作り方はP19、32を参照。

### ● チョココーティング

チョコレートと生クリームを混ぜたものをトップと側面に塗る。チョコレート系のバナナケーキに合う。

### ● アイシング

焼き菓子やくだものなどにかける砂糖衣のこと。粉砂糖に果汁や紅茶などの液体を加えてよく混ぜる。スプーンで線状にかける（P19など）、コルネ（下記参照）で絞り出す、トップ全体に塗る（P29など）などのバリエーションがある。

#### 材料と作り方（18cmのバナナケーキ1本分）

1. チョコレート（スイート）80gは刻んでボウルに入れる。
2. 別の耐熱性のボウルに生クリーム（乳脂肪分35％）40mlを入れ、ラップをせずに電子レンジで20〜30秒加熱して軽く煮立たせる（ふきこぼれないように様子を見ながら加熱する）。
3. 1のボウルに2の生クリームを加え、ゴムべらでなめらかになるまでよく混ぜるⓐⓑ。そのままおいて常温（約25℃）に冷ます。
4. 好みのバナナケーキのトップを水平に切り落としⓒⓓ、裏返して回転台（または平皿など）にのせる。
5. 上面に3を2〜3回に分けてのせ、そのつどパレットナイフで均一に塗り広げるⓔ。側面に落ちたぶんは、立てて持ったパレットナイフで均一に塗り広げる。
6. 裏返したバットなどに5をのせ、そのまま乾かすⓕ。

### コルネの作り方

1. オーブン用シートを25cm四方ほどの正方形に切り出して三角形に折り、ペティナイフなどで切り離す。
2. 直角の角を手前にし、右端から内側に巻くⓐⓑ。左端を巻きつけⓒ、先端がしっかりと尖るようにしめるⓓ。
3. 一番外側にあるオーブン用シートのはみ出した部分を内側に折り込みⓔ、さらに1cmほど内側に折り返すⓕ。
4. アイシングを流し入れるⓖ。巻き終わりのある面を下にして置き、注ぎ口の両端を押さえて折り目をつけるⓗ。裏返して注ぎ口が三角形になるように折りⓘ、さらに3回ほど折り返すⓙ。
5. 先端を5mmほど切り落としⓚ、アイシングを絞り出すⓛ。

*Note* ○4でトップを切り落とすときは、両端に高さ4〜4.5cmのセルクルなどを置き、包丁を沿わせながらスライドさせて切り落とす。セルクルがない場合は、同じくらいの高さのものを2つ用意して代用する。
○クーベルチュールチョコレートはヴァローナの「カライブ」（カカオ分66％）を使用。

## BANANA CAKES

### チョコレートと合わせる

バナナとチョコレートは
お菓子の世界の名コンビ。
生地にチョコレートの風味を加えたり、
チョコチップを加えたり、
マーブルにしたりと、
楽しみ方は多様です。

**BANANA CAKE**
チョコレート
*au chocolat*

**BANANA CAKE**
## チョコチップとフランボワーズ
*aux pépites de chocolat et aux framboises*

BANANA CAKE
# チョコレートのマーブル
*marbré au chocolat*

## BANANA CAKE チョコレート  *au chocolat*

### 材料（18cmパウンド型1台分）

**ガナッシュ**
- チョコレート（スイート） 20g
- 牛乳 小さじ2

- バター（食塩不使用） 70g
- グラニュー糖 60g
- 卵 L1個（60g）
- バナナ 40+40g

**A**
- 薄力粉 55g
- ココアパウダー 15g
- ベーキングパウダー 小さじ½

### 下準備
○ バターは常温（約25℃）にもどす。
○ 卵は常温（約25℃）にもどし、フォークなどで溶きほぐす。
○ バナナ40gはフォークの背でつぶし、ピュレ状にする。残りのバナナ40gは1cm角に切る。
○ Aは合わせてふるう。
○ 型にオーブン用シートを敷く（P9参照）。
○ オーブンはほどよいタイミングで200℃に予熱する。

*Note*
○ ガナッシュを加えることで味が濃厚になり、しっとりとした食感になる。
○ チョコレートは製菓用のクーベルチュールチョコレート。このレシピでは牛乳や生クリームと相性のよいヴァローナの「カライブ」（カカオ分66％）を使用。チョコレートが溶けきらない場合は、湯せんにかけて溶かすとよい。
○ トップに輪切りのバナナをのせて焼いてもおいしい。

### 作り方

1 ガナッシュを作る。チョコレートは細かく刻み、小さめのボウルに入れる。

2 耐熱性のボウルに牛乳を入れ、ラップをせずに電子レンジで10秒ほど加熱して軽く煮立たせる。

3 1のボウルに2の牛乳を2～3回に分けて加え、そのつどスプーンなどで静かに混ぜて溶かす。ガナッシュのできあがり。そのまま粗熱をとる。

4 別のボウルにバターとグラニュー糖を入れ、ゴムべらでグラニュー糖が完全になじむまですり混ぜる。

5 ハンドミキサーの高速で全体に空気を含ませるようにしながら3分ほど混ぜる。

6 卵を5回ほどに分けて加え、そのつどハンドミキサーの低速で10秒ほど混ぜてから高速にしてさらに混ぜ、全体になじむまでしっかりと混ぜ合わせる。

7 ピュレ状にしたバナナ40gを加え、ゴムべらで軽く混ぜてなじませる。

8 Aを加え、片手でボウルを回しながら、底から大きくすくい返すようにして全体を20回ほど混ぜる。少し粉けが残るくらいでOK。

9 3のガナッシュを加え、同様に5～10回混ぜる。粉けがなくなり、表面につやが出たらOK。

10 1cm角に切ったバナナ40gを加え、大きく2～3回混ぜる。

11 型に10を入れ、底を台に2～3回打ちつけて生地の表面を平らにならす。予熱完了後に180℃に下げたオーブンで35分ほど焼く。

12 裂け目に軽く焼き色がつき、竹串を刺してもなにもついてこなければできあがり。オーブン用シートごと型からはずし、網に上げて冷ます。

---

## BANANA CAKE チョコチップとフランボワーズ

### 材料（18cmパウンド型1台分）
- フランボワーズ（冷凍） 40g

**A**
- 薄力粉 80g
- ベーキングパウダー 小さじ½

- バター（食塩不使用） 70g
- グラニュー糖 60g
- 卵 L1個（60g）
- バナナ 40g
- チョコレート（スイート） 30g

**アイシング**
- 粉砂糖 大さじ2
- フランボワーズ（冷凍） 4g

### 下準備
○ 上の「チョコレート」と同様にする。ただしバナナは全量をフォークの背でつぶし、ピュレ状にする。
○ 生地用のフランボワーズ40gはペーパータオルで表面の氷を軽く拭き取り、手で粗く裂いて、冷凍室に入れておく。アイシング用のフランボワーズ4gは室温において解凍する。
○ チョコレートは粗く刻む。

*Note*
○ 1でフランボワーズに粉類をまぶしておくと、焼成中に沈むことなく、全体にまんべんなく行き渡る。
○ チョコレートはヴァローナの「グアナラ」（カカオ分70％）を使用。5mm角ほどに刻むが、大小あって構わない。

# BANANA CAKE チョコレートのマーブル　*marbré au chocolat*

**材料**（18cmパウンド型1台分）
**クランブル**
　バター（食塩不使用）　20g
　きび砂糖　20g
　薄力粉　20g
　アーモンドパウダー　20g
　ココアパウダー　大さじ1
　インスタントコーヒー（顆粒）　小さじ1
バター（食塩不使用）　70g
グラニュー糖　60g
卵　L1個（60g）
**A**
　薄力粉　70g
　ベーキングパウダー　小さじ½
ココアパウダー　大さじ1
バナナ　20+40g

**下準備**
○ P18「チョコレート」と同様にする。ただしクランブル用のバターは冷たい状態で使用する。バナナ20gはフォークの背でつぶし、ピュレ状にする。残りのバナナ40gは1cm角に切る。

**作り方**

1　クランブルを作る。ボウルにクランブルの材料をすべて入れ、粉類を手でざっと混ぜ、バターをちぎりながらまぶす。バターが小さくなったら、さらに指先でつぶすようにして手早くすり混ぜる。全体がなじみ、バターがそぼろ状になったらⓐ、冷凍室に入れて冷やし固める。

2　P18「チョコレート」の4〜8と同様に作る。ただし7のプロセスは不要。

3　2の100gを別のボウルに取り分けⓑ、ココアパウダーの½量を茶こしでふるいながら加えⓒ、片手でボウルを回しながら、底から大きくすくい返すようにして全体を10回ほど混ぜる。残りのココアパウダーを茶こしでふるいながら加え、同様に15回ほど混ぜる。粉けがなくなり、表面につやが出たら、1cm角に切ったバナナ20gを加え、大きく2〜3回混ぜるⓓ。

4　残りの2にピュレ状にしたバナナ20gを加え、同様に5〜10回混ぜる。粉けがなくなり、表面につやが出たら、残りの1cm角に切ったバナナ20gを加えⓔ、大きく2〜3回混ぜる。

5　4のボウルに3を加え、同様に2〜3回混ぜるⓕ。

6　型に5を入れ、底を台に2〜3回打ちつけて生地の表面を平らにならし、1のクランブルを全体にのせる。予熱完了後に180℃に下げたオーブンで35分ほど焼く。

7　クランブルに焼き色がつき、生地に竹串を刺してもなにもついてこなければできあがり。オーブン用シートごと型からはずし、網に上げて冷ます。

*Note*
○ マーブル模様は、生地を途中で2つに分け、一方に色がつく素材を加えることでできる。
○ このクランブルはほかのチョコ系のものにもよく合う。湿気りやすいので早めに食べて。

チョコレートと合わせる

## *aux pépites de chocolat et aux framboises*

**作り方**

1　小さめのボウルに生地用のフランボワーズ40gを入れ、**A**の大さじ1を取り分けて加え、スプーンなどでさっと混ぜ合わせるⓐ。

2　P18「チョコレート」の4〜12と同様に作る。ただし7ではバナナの全量を加える。9ではガナッシュの代わりにチョコレートを加える。10ではバナナの代わりに1のフランボワーズを加える。

3　アイシングを作る。ボウルに茶こしで粉砂糖をふるい入れ、アイシング用のフランボワーズ4gを加えてスプーンなどでよく混ぜるⓑ。持ち上げるとゆっくりと落ち、落ちたあとが2〜3秒でなくなるくらいの硬さになればOKⓒ。

4　2が冷めたらオーブン用シートをはがし、3のアイシングをスプーンですくってトップにかけるⓓ。200℃に予熱したオーブンで1分ほど加熱し、網に上げて乾かす。

## BANANA CAKES

### キャラメルと合わせる

チョコレートと同じくらい、
バナナとキャラメルは
好相性の素材。
バナナのやさしい風味が、
キャラメルのほろ苦さを包み込んで、
奥行きのある甘さを作り出します。

BANANA CAKE
### キャラメルのマーブル
*marbré au caramel*

BANANA CAKE
# アプリコットのフロランタン風
*aux abricots et amandes éffilées*

BANANA CAKE
# キャラメルのマーブル
*marbré au caramel*

## 材料（18cmパウンド型1台分）
**キャラメル**
| グラニュー糖　50g
| 生クリーム（乳脂肪分35%）　50ml
バター（食塩不使用）　70g
グラニュー糖　50g
卵　L1個（60g）
バナナ　40+80g
**A**
| 薄力粉　70g
| ベーキングパウダー　小さじ1/2
アーモンドダイス（ロースト済み）ⓐ　15g

## 下準備
○生クリームとバターは常温（約25℃）にもどす。
○卵は常温（約25℃）にもどし、フォークなどで溶きほぐす。
○バナナ40gはフォークの背でつぶし、ピュレ状にする。残りのバナナ80gは厚さ1cmの輪切りにする。
○Aは合わせてふるう。
○型にオーブン用シートを敷く（P9参照）。
○オーブンはほどよいタイミングで200℃に予熱する。

## 作り方
1 キャラメルを作る。小さめのフライパンにグラニュー糖を入れ、あまり動かさずに中火で熱する。グラニュー糖の半分ほどが溶けたらⓑ、フライパンを回してまんべんなく加熱し、完全に溶かすⓒ。
2 薄いキャラメル色になったらⓓ木べらなどで全体を混ぜ、濃いキャラメル色になったら火を止めるⓔ。ひと呼吸おいて生クリームを2回に分けて加え、そのつど軽く混ぜ合わせるⓕ。再び弱火で熱し、ひと煮立ちしたら火を止めるⓖ。キャラメルのできあがり。
3 小さめのボウルに輪切りにしたバナナ80gを入れる。2のキャラメルが熱いうちに10gを加えⓗ、さっとからめるⓘ。残りのキャラメルは耐熱ボウルに移し、そのまま冷ます。
4 ボウルにバターとグラニュー糖を入れ、ゴムべらでグラニュー糖が完全になじむまですり混ぜる。
5 ハンドミキサーの高速で全体に空気を含ませるようにしながら3分ほど混ぜる。
6 卵を5回ほどに分けて加え、そのつどハンドミキサーの低速で10秒ほど混ぜてから高速にしてさらに混ぜ、全体になじむまでしっかりと混ぜ合わせる。
7 ピュレ状にしたバナナ40gを加え、ゴムべらで軽く混ぜてなじませる。
8 Aを加え、片手でボウルを回しながら、底から大きくすくい返すようにして全体を25〜30回混ぜる。粉けがなくなり、表面につやが出たらOK。
9 3の残りのキャラメルを加え、同様に2〜3回混ぜるⓙ。
10 型に9を入れ、底を台に2〜3回打ちつけて生地の表面を平らにならす。3のバナナを2列に並べ、アーモンドダイスを散らす。予熱完了後に180℃に下げたオーブンで35分ほど焼く。
11 裂け目に軽く焼き色がつき、竹串を刺してもなにもついてこなければできあがり。オーブン用シートごと型からはずし、網に上げて冷ます。

> *Note*
> ○バナナの甘みとキャラメルの苦みがとてもよく合う。
> ○きれいなマーブル模様にするには、生地とキャラメルを混ぜすぎないこと。
> ○アーモンドダイスの代わりにアーモンドスライスにしても可。
> ○カットしたバナナケーキを電子レンジで20秒ほど加熱して、バニラアイスクリームを添えてもおいしい。

ⓐ アーモンドダイス
アーモンドを細かく刻んだもの。焼き菓子のトッピングや生地などに混ぜ込むと食感のアクセントになる。

BANANA CAKE
# アプリコットのフロランタン風

*aux abricots et amandes effilées*

## 材料（18cmパウンド型1台分）
バター（食塩不使用） 70g
グラニュー糖 60g
卵 L1個(60g)
バナナ 35+20g
**A**
│ 薄力粉 70g
│ ベーキングパウダー 小さじ½
ドライアプリコット ⓐ 50g
グランマルニエ ⓑ 小さじ2
フロランタン
│ グラニュー糖 15g
│ バター（食塩不使用） 10g
│ 生クリーム（乳脂肪分35％） 小さじ2
│ はちみつ ⓒ 5g
│ アーモンドスライス（ロースト済み） 20g

## 下準備
○ ドライアプリコットは熱湯に5分ほどつけて表面をふやかし ⓓ、水けをきって粗く刻む。グランマルニエと合わせて3時間〜ひと晩おく。
○ バターは常温（約25℃）にもどす（フロランタン用のバターは冷たいままで可）。
○ 卵は常温（約25℃）にもどし、フォークなどで溶きほぐす。
○ バナナ35gはフォークの背でつぶし、ピュレ状にする。残りのバナナ20gは1cm未満のかたまりが残る程度にフォークの背で粗くつぶす。
○ Aは合わせてふるう。
○ 型にオーブン用シートを敷く（P9参照）。
○ オーブンはほどよいタイミングで200℃に予熱する。

## 作り方
1 ボウルにバターとグラニュー糖を入れ、ゴムべらでグラニュー糖が完全になじむまですり混ぜる。
2 ハンドミキサーの高速で全体に空気を含ませるようにしながら3分ほど混ぜる。
3 卵を5回ほどに分けて加え、そのつどハンドミキサーの低速で10秒ほど混ぜてから高速にしてさらに混ぜ、全体になじむまでしっかりと混ぜ合わせる。
4 ピュレ状にしたバナナ35gを加え、ゴムべらで軽く混ぜてなじませる。
5 Aを加え、片手でボウルを回しながら、底から大きくすくい返すようにして全体を20回ほど混ぜる。少し粉けが残るくらいでOK。
6 粗くつぶしたバナナ20gとアプリコットを加え、同様に5〜10回混ぜる。粉けがなくなり、表面につやが出たらOK。
7 型に6を入れ、底を台に2〜3回打ちつけて生地の表面を平らにならす。予熱完了後に180℃に下げたオーブンで35分ほど焼く。
8 生地を焼き始めて5〜10分たったらフロランタンを作る。小鍋にアーモンドスライス以外の材料をすべて入れ、あまり動かさずに弱火で熱する。グラニュー糖が溶けてきたら ⓔ ゴムべらで全体を混ぜ、アーモンドスライスを加える。汁けが飛び、全体がねっとりとするまで ⓕ 混ぜ続ける。
9 生地を焼き始めて15分ほどたったら、7の型をいったん取り出して8のフロランタンを全体にのせ、すぐにオーブンに戻して再び焼く。
10 フロランタンがキャラメル色になり、生地に竹串を刺してもなにもついてこなければできあがり。オーブン用シートごと型からはずし、網に上げて冷ます。

*キャラメルと合わせる*

**Note**
○ アーモンドとキャラメルの焼き菓子、フロランタンをイメージ。トップがカリッと香ばしい。
○ フロランタンは、アーモンドスライスを加えてからは、割れないようにやさしく混ぜる。
○ フロランタンを生地にのせるタイミングは、焼成後15分くらいがちょうどよい。それよりも早いと焦げやすく、遅いと生地に火が入りすぎる。手早く作業し、すぐにオーブンに戻す。
○ 子ども用に酒類を抜きたい場合は、ドライアプリコットはグランマルニエに漬けなくてもよい。

ⓓ
ⓔ
ⓕ

ⓐ ドライアプリコット
あんずの実を乾燥させたもの。ほどよい酸味と甘みがあり、色も鮮やか。肉厚なので食感も楽しめる。

ⓑ グランマルニエ
高級コニャックにハイチ産のビターオレンジを加えて熟成させたリキュール。強いオレンジの香り、まろやかな甘みが特徴。

ⓒ はちみつ
ミツバチの集めた花の蜜が巣の中で濃縮・熟成したもの。花の種類によって味や香りが異なる。純度100％の天然はちみつがおすすめ。

BANANA CAKE
# 粒キャラメルとカシス
*au caramel et au cassis*

### 材料（18cmパウンド型1台分）

**カシスジャム**
- カシス（冷凍） 60g
- グラニュー糖 18g
- 水 小さじ1

バター（食塩不使用） 70g
グラニュー糖 60g
卵 L1個（60g）
バナナ 40g

**A**
- 薄力粉 70g
- ベーキングパウダー 小さじ1/2

粒キャラメル（市販）ⓐ 15～20g

### 下準備
- バターは常温（約25℃）にもどす。
- 卵は常温（約25℃）にもどし、フォークなどで溶きほぐす。
- バナナはフォークの背でつぶし、ピュレ状にする。
- 粒キャラメルは粗く刻む。
- Aは合わせてふるう。
- 型にオーブン用シートを敷く（P9参照）。
- オーブンはほどよいタイミングで200℃に予熱する。

> *Note* ○カシスジャムの甘酸っぱさと、粒キャラメルの甘みがよく混ざり合って、あと味はさっぱり。キャラメルを作る必要がないのもメリット。
> ○粒キャラメルとカシスジャムが型に触れていると、型からはずしたときにケーキの形が崩れやすいので、型からは2cmほど離してのせる。
> ○カシスジャムは、市販のジャムで代用してもよい。酸味のあるラズベリーやブルーベリージャム、柑橘系のマーマレードやグレープフルーツジャムなどが合う。

### 作り方

1. カシスジャムを作る。小鍋にカシスジャムの材料をすべて入れてざっと混ぜ、木べらなどでときどき混ぜながら中火で4～5分煮るⓑ。とろみがついたら火を止め、耐熱ボウルに移して冷まし、20gとその残りに取り分けておく。
2. ボウルにバターとグラニュー糖を入れ、ゴムべらでグラニュー糖が完全になじむまですり混ぜる。
3. ハンドミキサーの高速で全体に空気を含ませるようにしながら3分ほど混ぜる。
4. 卵を5回ほどに分けて加え、そのつどハンドミキサーの低速で10秒ほど混ぜてから高速にしてさらに混ぜ、全体になじむまでしっかりと混ぜ合わせる。
5. バナナを加え、ゴムべらで軽く混ぜてなじませる。
6. Aを加え、片手でボウルを回しながら、底から大きくすくい返すようにして全体を25～30回混ぜる。粉けがなくなり、表面につやが出たらOK。
7. 1のカシスジャム20gを加え、同様に2～3回混ぜる（完全に混ざらなくてもよい）ⓒ。
8. 小さめのボウルに粒キャラメルと残りの1のカシスジャムを入れ、ざっと混ぜるⓓ。
9. 型に7の1/3量を入れてスプーンの背で生地の表面を平らにならしⓔ、8の1/2量を周囲を2cmほど残してのせるⓕ。これをもう一度繰り返す。残りの7を入れ、生地の表面を平らにならすⓖ。予熱完了後に180℃に下げたオーブンで35分ほど焼く。
10. 裂け目に軽く焼き色がつき、竹串を刺してもなにもついてこなければできあがり。オーブン用シートごと型からはずし、網に上げて冷ます。

### バナナケーキによく合う食材

バナナ自体にある程度の甘みがあるので、味にメリハリのつく食材がよく合います。まず第一にはカシス、フランボワーズ、レモンなどの酸味のあるものです。第二には苦みのあるもの。くるみ、ピスタチオ、アーモンドなどのナッツ類、チョコレート、インスタントコーヒーなどが該当します。酸味のあるもの同士、苦みのあるもの同士を組み合わせてもよいですし、酸味のあるものと苦みのあるものを組み合わせてもおいしいです。ぜひご自身でオリジナルのレシピを作ってみてください。

ⓐ **粒キャラメル**
水あめ、砂糖、練乳、バターなどを練り合わせ、香料を加えたソフトキャンディー。生地に加えると甘みや食感のアクセントになる。

キャラメルと合わせる

BANANA CAKE
# くるみのシナモン風味
*aux noix et à la cannelle*

## BANANA CAKES

### 風味を変える

スパイスやハーブを加えて、
バナナの風味に
広がりを出します。
高級感ある仕上がりは、
まるでお店のケークのよう！

BANANA CAKE
# ローズマリーとライムの風味
*au romarin et au citron vert*

BANANA CAKE
# カルダモンとレモンの風味
*à la cardamome et au citron*

BANANA CAKE
# 紅茶
*au thé*

## BANANA CAKE くるみのシナモン風味 ~ aux noix et à la cannelle

### 材料（18cmパウンド型1台分）
- バター（食塩不使用） 70g
- グラニュー糖 30g
- きび砂糖 30g
- 卵 L1個（60g）
- バナナ 35+45g
- A
  - 薄力粉 80g
  - ベーキングパウダー 小さじ1/2
  - シナモンパウダー 小さじ1/2
- くるみ（ロースト済み） 30+10g

### 下準備
- ○ バターは常温（約25℃）にもどす。
- ○ 卵は常温（約25℃）にもどし、フォークなどで溶きほぐす。
- ○ くるみは手で小さく砕く。
- ○ バナナ35gはフォークの背でつぶし、ピュレ状にする。残りのバナナ45gは1cm未満のかたまりが残る程度にフォークの背で粗くつぶす。
- ○ Aは合わせてふるう。
- ○ 型にオーブン用シートを敷く（P9参照）。
- ○ オーブンはほどよいタイミングで200℃に予熱する。

### 作り方
1. ボウルにバター、グラニュー糖、きび砂糖を入れ、ゴムべらで砂糖が完全になじむまですり混ぜる。
2. ハンドミキサーの高速で全体に空気を含ませるようにしながら3分ほど混ぜる。
3. 卵を5回ほどに分けて加え、そのつどハンドミキサーの低速で10秒ほど混ぜてから高速にしてさらに混ぜ、全体になじむまでしっかりと混ぜ合わせる。
4. ピュレ状にしたバナナ35gを加え、ゴムべらで軽く混ぜてなじませる。
5. Aを加え、片手でボウルを回しながら、底から大きくすくい返すようにして全体を20回ほど混ぜる。少し粉けが残るくらいでOK。
6. 粗くつぶしたバナナ45gとくるみ30gを加え、同様に5〜10回混ぜる。粉けがなくなり、表面につやが出たらOK。
7. 型に6を入れ、底を台に2〜3回打ちつけて生地の表面を平らにならし、残りのくるみ10gを散らす。予熱完了後に180℃に下げたオーブンで35分ほど焼く。
8. 裂け目に軽く焼き色がつき、竹串を刺してもなにもついてこなければできあがり。オーブン用シートごと型からはずし、網に上げて冷ます。

*Note*
- ○ バナナの甘み、シナモンの香り、くるみのほろ苦さが絶妙なバランス。
- ○ 砂糖は好みでグラニュー糖のみ、またはきび砂糖のみにしてもOK。その際は60gにする。
- ○ くるみは生地と飾りに使うことで食感に変化がつき、香ばしさも加わる。

## BANANA CAKE ローズマリーとライムの風味
### ~ au romarin et au citron vert

### 材料（18cmパウンド型1台分）
- バター（食塩不使用） 70g
- グラニュー糖 60g
- 卵 L1個（60g）
- ライムの皮 1個分
- バナナ 35+45g
- A
  - 薄力粉 80g
  - ベーキングパウダー 小さじ1/2
- ローズマリー 2枝
- アイシング
  - 粉砂糖 大さじ4
  - ライム果汁 小さじ1 1/2

### 下準備
- ○ 上の「くるみのシナモン風味」と同様にする。ただしくるみは不要。
- ○ ライムの皮はすりおろし、卵に加えて混ぜ合わせる。
- ○ ローズマリーは葉を摘み、みじん切りにする。

### 作り方
1. 上の「くるみのシナモン風味」の1〜8と同様に作る。ただし1ではきび砂糖は不要。6ではくるみの代わりにローズマリーを加える。7ではくるみは不要。
2. アイシングを作る。ボウルに茶こしで粉砂糖をふるい入れ、ライム果汁を少しずつ加えながらスプーンなどでよく混ぜる。持ち上げるとゆっくりと落ち、落ちたあとが2〜3秒でなくなるくらいの硬さになればOK。
3. 1が冷めたらオーブン用シートをはがし、2のアイシングをはけでトップに塗り、ローズマリーの葉適量（分量外）を散らす。200℃に予熱したオーブンで1分ほど加熱し、網に上げて乾かす。

*Note*
- ○ ローズマリーとライムを組み合わせて、すっきり、さわやかに仕上げた。
- ○ ライムの代わりにレモンを使用してもおいしい。
- ○ アイシングはオーブンで軽く加熱して乾燥させると安定する。
- ○ アイシングはお好みの方法でどうぞ。右ページなど参照。

## BANANA CAKE カルダモンとレモンの風味
*à la cardamome et au citron*

**材料**（18cmパウンド型1台分）
バター（食塩不使用） 70g
グラニュー糖 60g
卵 L1個（60g）
レモンの皮 ½個分
バナナ 35+45g
**A**
┃ 薄力粉 80g
┃ ベーキングパウダー 小さじ½
┃ カルダモンパウダー ⓐ 小さじ½
┃ くるみ（ロースト済み） 20g
**アイシング**
┃ 粉砂糖 大さじ4
┃ レモン果汁 小さじ1½

**下準備**
○ P28「くるみのシナモン風味」と同様にする。
○ レモンの皮はすりおろし ⓑ、卵に加えて混ぜ合わせる。

**ⓐカルダモンパウダー**
「スパイスの女王」とも呼ばれるインド原産のスパイス。清涼感のある香りが特徴で、焼き菓子やカレー、肉料理などに用いられる。

**作り方**
1. P28「くるみのシナモン風味」の**1〜8**と同様に作る。ただし**1**ではきび砂糖は不要。**6**ではくるみの全量を加える。**7**ではくるみは不要。
2. アイシングを作る。ボウルに茶こしで粉砂糖をふるい入れ、レモン果汁を少しずつ加えながらスプーンなどでよく混ぜる ⓒ。持ち上げるとゆっくりと落ち、落ちたあとが2〜3秒でなくなるくらいの硬さになればOK ⓓ。
3. **1**が冷めたらオーブン用シートをはがし、**2**のアイシングをはけでトップに塗る ⓔ。200℃に予熱したオーブンで1分ほど加熱し、網に上げて乾かす。

*Note* ○ カルダモンの上品な香りと柑橘のさわやかな風味がよく合う。
○ レモンの皮は国産の、農薬やポストハーベスト不使用のものを使用すること。

---

## BANANA CAKE 紅茶 *au thé*

**材料**（18cmパウンド型1台分）
バター（食塩不使用） 70g
グラニュー糖 60g
卵 L1個（60g）
バナナ 35+45g
**A**
┃ 薄力粉 80g
┃ ベーキングパウダー 小さじ½
┃ 紅茶の茶葉（アールグレイ）ⓐ 4g
**アイシング**
┃ 粉砂糖 大さじ2
┃ 濃いめに淹れた紅茶（アールグレイ） 小さじ1弱

**下準備**
○ P28「くるみのシナモン風味」と同様にする。ただしくるみは不要。
○ 紅茶の茶葉はラップではさみ、めん棒を転がして細かくする ⓑⓒ。

**ⓐ紅茶（アールグレイ）**
ベルガモットの香りをつけたフレーバーティーの一種。イギリスの政治家グレイ伯爵が名前の由来。香りが立つので焼き菓子の風味づけに向いている。

**作り方**
1. P28「くるみのシナモン風味」の**1〜8**と同様に作る。ただし**1**ではきび砂糖は不要。**6**と**7**ではくるみは不要。
2. アイシングを作る。ボウルに茶こしで粉砂糖をふるい入れ、紅茶を少しずつ加えながらスプーンなどでよく混ぜる。持ち上げるとゆっくりと落ち、落ちたあとが5秒ほどでなくなるくらいの硬さになればOK。
3. **1**が冷めたらオーブン用シートをはがし、**2**のアイシングをコルネ（P14参照）に入れ、トップに絞り出す ⓓ。200℃に予熱したオーブンで1分ほど加熱し、網に上げて乾かす。

*Note* ○ 紅茶の茶葉は舌触りがよくなるように細かくしてから使用する。粉砕タイプ（製菓用紅茶）を使ってもよい。
○ アイシング用の紅茶は、茶葉小さじ1に熱湯大さじ1を加え、5分ほど蒸らしてこしたものを使用。濃いめに抽出することで香りが楽しめる。
○ コルネでアイシングを絞り出す場合は、少し硬めに仕上げると扱いやすい。

風味を変える

## BANANA CAKES

### くだものを加える

バナナをフィリングではなく
糖分の一部として考え、
相性のよいくだものを、
主役のフィリングとして加えます。
自然な甘みのコンビネーションを
お楽しみください。

**BANANA CAKE**
## りんごとメープル
*aux pommes et à l'érable*

**BANANA CAKE**
## フリュイルージュとピスタチオ
*aux fruits rouges et à la pistache*

BANANA CAKE
# りんごとメープル

*aux pommes et à l'érable*

## 材料（18cmパウンド型1台分）

りんごのメープル煮
- りんご　1/2個（100g）
- メープルシュガー ⓐ　大さじ1
- レモン果汁　小さじ1
- ブランデー（あれば）　大さじ1/2

クランブル
- バター（食塩不使用）　20g
- メープルシュガー　20g
- 薄力粉　20g
- アーモンドパウダー　20g

バター（食塩不使用）　70g
メープルシュガー　60g
卵　L1個（60g）
バナナ　40g

A
- 薄力粉　70g
- ベーキングパウダー　小さじ1/2

りんご（縦薄切り・皮つき）ⓑ　4枚

## 下準備

○ バターは常温（約25℃）にもどす（ただしクランブル用のバターは冷たい状態で使用する）。
○ 卵は常温（約25℃）にもどし、フォークなどで溶きほぐす。
○ バナナはフォークの背でつぶし、ピュレ状にする。
○ Aは合わせてふるう。
○ 型にオーブン用シートを敷く（P9参照）。
○ オーブンはほどよいタイミングで200℃に予熱する。

**Note**
○ メープルシュガーを使うとより一層やさしい甘みに。まろやかな風味とこくがバナナとりんごの味を引き立てる。メープルシュガーがない場合はきび砂糖で代用してもOK。
○ メープル煮のりんごは、形の崩れにくい紅玉やふじがおすすめ。
○ 子ども用に酒類を抜きたい場合は、りんごのメープル煮のブランデーは加えなくてもよい。

## 作り方

1 りんごのメープル煮を作る。りんごは皮をむいて1cm角に切り、小鍋に移す。メープルシュガーとレモン果汁を加え、木べらなどで軽く混ぜて弱火で熱し ⓒ、ふたをして5〜10分煮る ⓓ。

2 ふたを取ってブランデーをふり、中火にして汁けを飛ばす。バットに移し、そのまま冷ます ⓔ。りんごのメープル煮のできあがり。

3 クランブルを作る。ボウルにクランブルの材料をすべて入れ、粉類を手でざっと混ぜ、バターをちぎりながらまぶす。バターが小さくなったら、さらに指先でつぶすようにして手早くすり混ぜる。全体がなじみ、バターがそぼろ状になったら、冷凍室に入れて冷やし固める。

4 別のボウルにバターとメープルシュガーを入れ、ゴムべらでメープルシュガーが完全になじむまですり混ぜる。

5 ハンドミキサーの高速で全体に空気を含ませるようにしながら3分ほど混ぜる。

6 卵を5回ほどに分けて加え、そのつどハンドミキサーの低速で10秒ほど混ぜてから高速にしてさらに混ぜ、全体になじむまでしっかりと混ぜ合わせる。

7 バナナを加え、ゴムべらで軽く混ぜてなじませる。

8 Aを加え、片手でボウルを回しながら、底から大きくすくい返すようにして全体を20回ほど混ぜる。少し粉けが残るくらいでOK。

9 2のりんごのメープル煮を加え、同様に5〜10回混ぜる。粉けがなくなり、表面につやが出たらOK。

10 型に9を入れ、底を台に2〜3回打ちつけて生地の表面を平らにならす。薄切りのりんごを斜めに立てて並べ、隙間を埋めるように3のクランブルを全体にのせる。予熱完了後に180℃に下げたオーブンで35分ほど焼く。

11 クランブルに焼き色がつき、生地に竹串を刺してもなにもついてこなければできあがり。オーブン用シートごと型からはずし、網に上げて冷ます。

ⓐ メープルシュガー
サトウカエデの樹液を煮詰め、水分を取り除いたもの。上品な甘さと独特の風味がある。カルシウムやカリウムなどのミネラルも豊富。

BANANA CAKE
# フリュイルージュとピスタチオ

*aux fruits rouges et à la pistache*

**材料**（18cmパウンド型1台分）
バター（食塩不使用） 70g
グラニュー糖 60g
卵 L1個(60g)
バナナ 40g
ミックスベリー（冷凍） 40g
A
│ 薄力粉 80g
│ ベーキングパウダー 小さじ½
ピスタチオ（ロースト済み） 10g

**下準備**
○ミックスベリーはペーパータオルで表面の氷を軽く拭き取りⓑ、食べやすい大きさに切ってⓒ、冷凍室に入れておく。
○バターは常温（約25℃）にもどす。
○卵は常温（約25℃）にもどし、フォークなどで溶きほぐす。
○ピスタチオは粗く刻む。
○バナナはフォークの背でつぶし、ピュレ状にする。
○Aは合わせてふるう。
○型にオーブン用シートを敷く（P9参照）。
○オーブンはほどよいタイミングで200℃に予熱する。

**作り方**

1 ボウルにバターとグラニュー糖を入れ、ゴムべらでグラニュー糖が完全になじむまですり混ぜる。

2 ハンドミキサーの高速で全体に空気を含ませるようにしながら3分ほど混ぜる。

3 卵を5回ほどに分けて加え、そのつどハンドミキサーの低速で10秒ほど混ぜてから高速にしてさらに混ぜ、全体になじむまでしっかりと混ぜ合わせる。

4 バナナを加え、ゴムべらで軽く混ぜてなじませる。

5 小さめのボウルにミックスベリーを入れ、Aの大さじ1を取り分けて加え、スプーンなどでさっと混ぜ合わせるⓓ。

6 4のボウルに残りのAを加え、片手でボウルを回しながら、ゴムべらで底から大きくすくい返すようにして全体を20回ほど混ぜる。少し粉けが残るくらいでOK。

7 5のミックスベリーとピスタチオを加え、同様に5回ほど混ぜる。粉けがなくなり、表面につやが出たらOK。

8 型に7を入れ、底を台に2～3回打ちつけて生地の表面を平らにならす。予熱完了後に180℃に下げたオーブンで35分ほど焼く。

9 裂け目に軽く焼き色がつき、竹串を刺してもなにもついてこなければできあがり。オーブン用シートごと型からはずし、網に上げて冷ます。

ⓑ
ⓒ
ⓓ

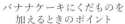
バナナケーキにくだものを加えるときのポイント

くだもの、特に冷凍されたものは水分が出やすいので、そのまま加えると生地がゆるくなる原因になります。生地に混ぜる少し前に冷凍室から取り出し、凍った状態で粉類を少量まぶしておくと、くだものから余分な水分が出るのを防ぎ、焼成中も沈まずに全体にバランスよく散らばります。
ジャムやコンポートにするのもおすすめです。砂糖などと一緒に煮詰めてくだものの余分な水分を飛ばします。特にジャムなら生地になじみやすく、加熱むらもありません。

くだものを加える

*Note*
○フリュイルージュはフランス語で「赤いくだもの」の意で、ミックスベリーのこと。甘酸っぱさが加わり、さわやかな味になる。深みのある緑色のピスタチオも入って、断面がきれい。
○ミックスベリーは好みのベリーを単品で使用しても構わない。
○ピスタチオはローストされていないものは160℃に予熱したオーブンで5分ほど焼く。

ⓐ ミックスベリー（冷凍）
ここで使用したのは、ブルーベリー、ラズベリー、ブラックベリー、ストロベリーの4種類。レッドカラントやクランベリーが入っているものもある。

BANANA CAKE
## マンゴーとココナッツ
*à la mangue et à la noix de coco*

BANANA CAKE
## ブルーベリーとクリームチーズ
*aux myrtilles et au fromage frais*

## マンゴーとココナッツ

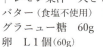

**材料**（18cmパウンド型1台分）
マンゴーバナナジャム
　バナナ　20g
　マンゴー（冷凍）　60g
　グラニュー糖　15g
　レモン果汁　大さじ½
バター（食塩不使用）　70g
グラニュー糖　60g
卵　L1個（60g）
バナナ　40g
A
　薄力粉　70g
　ベーキングパウダー　小さじ½
ココナッツロング ⓐ　10＋5g

**下準備**
○バターは常温（約25℃）にもどす。
○卵は常温（約25℃）にもどし、フォークなどで溶きほぐす。
○生地用のバナナ40gはフォークの背でつぶし、ピュレ状にする。
○Aは合わせてふるう。
○型にオーブン用シートを敷く（P9参照）。
○オーブンはほどよいタイミングで200℃に予熱する。

**Note**　○ジャムはマンゴーの食感を楽しめるよう、形が少し残る程度につぶしながら煮る。大きさはほどよく不ぞろいなくらいでよい。
○ジャムがゆるすぎると形が崩れる原因に。その場合は冷凍室で冷やして硬さの調節を。
○ジャムが型の側面に触れている場合も、型からはずしたときに形が崩れやすい。なるべく触れないようにのせる。

ⓐ **ココナッツロング**
原料は熱帯地域で栽培されているココやし。熟した果肉を削って乾燥させ、長さ1〜2cmに切ったもの。独特の甘い香りと歯触りが特徴。

**作り方**

1　マンゴーバナナジャムを作る。バナナは1cm角に切る。小鍋にマンゴー、グラニュー糖、レモン果汁を入れて中火で熱し、ときどき木べらなどでマンゴーを粗くつぶし、全体を混ぜながら5分ほど煮る ⓑ。

2　汁けがなくなり、とろみがついたら ⓒ バナナを加えてさっと混ぜ合わせ、ひと煮立ちさせる。火を止め、ボウルに移してそのまま冷ます ⓓ。マンゴーバナナジャムのできあがり。

3　ボウルにバターとグラニュー糖を入れ、ゴムべらでグラニュー糖が完全になじむまですり混ぜる。

4　ハンドミキサーの高速で全体に空気を含ませるようにしながら3分ほど混ぜる。

5　卵を5回ほどに分けて加え、そのつどハンドミキサーの低速で10秒ほど混ぜてから高速にしてさらに混ぜ、全体になじむまでしっかりと混ぜ合わせる。

6　バナナを加え、ゴムべらで軽く混ぜてなじませる。

7　Aとココナッツロング10gを加え、片手でボウルを回しながら、底から大きくすくい返すようにして全体を25〜30回混ぜる。粉けがなくなり、表面につやが出たらOK。

8　型に**7**の⅓量を入れてスプーンの背で生地の表面を平らにならし、**2**のマンゴーバナナジャムの½量を周囲を2cmほど残してのせる。これをもう一度繰り返す。残りの**7**を入れ、生地の表面を平らにならし、残りのココナッツロング5gを散らす。予熱完了後に180℃に下げたオーブンで35分ほど焼く。

9　裂け目に軽く焼き色がつき、竹串を刺してもなにもついてこなければできあがり。オーブン用シートごと型からはずし、網に上げて冷ます。

ⓑ　　　　ⓒ　　　　ⓓ

## ブルーベリーとクリームチーズ

**材料**（18cmパウンド型1台分）
バター（食塩不使用）　70g
グラニュー糖　60g
卵　L1個（60g）
バナナ　40＋20g
A
　薄力粉　70g
　ベーキングパウダー　小さじ½
ブルーベリー　40g
クリームチーズ ⓐ　30g

**Note**　○冷蔵室で冷やしてから食べるとチーズケーキのような味になる。
○ブルーベリーは冷凍のものでも作れるが、生のものを使用したほうが色よく仕上がる。

**下準備**
○上の「マンゴーとココナッツ」と同様にする。ただしバナナ40gはフォークの背でつぶしてピュレ状にし、残りのバナナ20gは1cm角に切る。

**作り方**

1　上の「マンゴーとココナッツ」の**3**〜**9**と同様に作る。ただし**6**ではピュレ状にしたバナナ40gを加える。**7**と**8**ではココナッツロングは不要。**8**ではマンゴーバナナジャムの代わりにブルーベリー、1cm角に切ったバナナ20g、手で粗くちぎったクリームチーズを½量ずつ同様にのせる ⓑ。

ⓐ **クリームチーズ**
生クリーム（または生クリームと牛乳）から作られる非熟成タイプの軟質チーズ。きめが細かく、なめらかな舌触りでほどよい酸味が特徴。

# BANANA CAKES

## 和風にする

なじみのある和の素材と合わせれば
幅広い層が食べられるお菓子に。
緑色が美しい抹茶や、
和菓子のような酒粕、
あんことのコンビネーションを
お楽しみください。

BANANA CAKE
## 抹茶
*au thé Matcha*

**BANANA CAKE**
# 酒粕
*au lie de saké*

**BANANA CAKE**
# あんときな粉
*à la pâte de haricots rouges et farine de soja*

BANANA CAKE

# 抹茶

*au thé Matcha*

## 材料（18cmパウンド型1台分）
バター（食塩不使用）　70g
グラニュー糖　60g
卵　L1個(60g)
A
　薄力粉　70g
　ベーキングパウダー　小さじ½
抹茶パウダー ⓐ　小さじ1½
バナナ　20+40g

## 下準備
○バターは常温(約25℃)にもどす。
○卵は常温(約25℃)にもどし、フォークなどで溶きほぐす。
○バナナ20gはフォークの背でつぶし、ピュレ状にする。残りのバナナ40gは1cm角に切る。
○Aは合わせてふるう。
○型にオーブン用シートを敷く(P9参照)。
○オーブンはほどよいタイミングで200℃に予熱する。

## 作り方

1. ボウルにバターとグラニュー糖を入れ、ゴムべらでグラニュー糖が完全になじむまですり混ぜる。

2. ハンドミキサーの高速で全体に空気を含ませるようにしながら3分ほど混ぜる。

3. 卵を5回ほどに分けて加え、そのつどハンドミキサーの低速で10秒ほど混ぜてから高速にしてさらに混ぜ、全体になじむまでしっかりと混ぜ合わせる。

4. Aを加え、片手でボウルを回しながら、ゴムべらで底から大きくすくい返すようにして全体を20回ほど混ぜる。少し粉けが残るくらいでOK。

5. 4の100gを別のボウルに取り分け、抹茶パウダーの½量を茶こしでふるいながら加え ⓑ、同様に10回ほど混ぜる ⓒ。残りの抹茶パウダーを茶こしでふるいながら加え、同様に15回ほど混ぜる。粉けがなくなり、表面につやが出たら ⓓ、1cm角に切ったバナナ20gを加え ⓔ、大きく2〜3回混ぜる ⓕ。

6. 残りの4にピュレ状にしたバナナ20gを加え、同様に5〜10回混ぜる ⓖ。粉けがなくなり、表面につやが出たら、残りの1cm角に切ったバナナ20gを加え ⓗ、大きく2〜3回混ぜる。

7. 6のボウルに5を加え ⓘ、同様に2〜3回混ぜる ⓙ。

8. 型に7を入れ、底を台に2〜3回打ちつけて生地の表面を平らにならす。予熱完了後に180℃に下げたオーブンで35分ほど焼く。

9. 裂け目に軽く焼き色がつき、竹串を刺してもなにもついてこなければできあがり。オーブン用シートごと型からはずし、網に上げて冷ます。

> *Note*
> ○抹茶の風味が口の中に広がる上品な味。色のコントラストもきれい。
> ○抹茶パウダーはだまになりやすいので2回に分けて加え、そのつどよく混ぜる。
> ○プレーン生地と抹茶生地は、混ぜすぎるとマーブル模様にならないので2〜3回を目安に混ぜる。

ⓐ **抹茶パウダー**
日差しを一定期間さえぎって育てた「てん茶」を、石臼で挽いて粉末にしたもの。ケーキに使用すると発色がよく、風味も楽しめる。ここでは一保堂茶舗の「初昔」を使用。

## BANANA CAKE 酒粕 *au lie de saké*

**材料**（18cmパウンド型1台分）
バター（食塩不使用）　70g
グラニュー糖　50g
卵　L1個(60g)
酒粕（固形のもの）ⓐ　20g
牛乳　小さじ2
バナナ　30+40g
**A**
│薄力粉　70g
│ベーキングパウダー　小さじ½

**下準備**
○バターは常温（約25℃）にもどす。
○卵は常温（約25℃）にもどし、フォークなどで溶きほぐす。
○耐熱性のボウルに酒粕と牛乳を入れ、ラップをせずに電子レンジで5～10秒加熱してよく混ぜる。
○バナナ30gはフォークの背でつぶし、ピュレ状にする。残りのバナナ40gは1cm角に切る。
○Aは合わせてふるう。
○型にオーブン用シートを敷く（P9参照）。
○オーブンはほどよいタイミングで200℃に予熱する。

**作り方**
1　ボウルにバターとグラニュー糖を入れ、ゴムべらでグラニュー糖が完全になじむまですり混ぜる。
2　ハンドミキサーの高速で全体に空気を含ませるようにしながら3分ほど混ぜる。
3　卵を5回ほどに分けて加え、そのつどハンドミキサーの低速で10秒ほど混ぜてから高速にしてさらに混ぜ、全体になじむまでしっかりと混ぜ合わせる。
4　牛乳と混ぜ合わせた酒粕に3の大さじ2を2回に分けて加え、ゴムべらでそのつどよく混ぜる。
5　3のボウルに4とピュレ状にしたバナナ30gを加え、軽く混ぜてなじませる。
6　Aを加え、片手でボウルを回しながら、底から大きくすくい返すようにして全体を20回ほど混ぜる。少し粉が残るくらいでOK。
7　1cm角に切ったバナナ40gを加え、同様に5～10回混ぜる。粉けがなくなり、表面につやが出たらOK。
8　型に7を入れ、底を台に2～3回打ちつけて生地の表面を平らにならす。予熱完了後に180℃に下げたオーブンで35分ほど焼く。
9　裂け目に軽く焼き色がつき、竹串を刺してもなにもついてこなければできあがり。オーブン用シートごと型からはずし、網に上げて冷ます。

*Note*
○酒粕独特の甘い香りが加わり、生地もしっとりとする。冷やして食べてもおいしい。
○酒粕は固形のものを牛乳と混ぜて使用。液状のタイプを使う際は牛乳不要で30gを使用する。
○酒粕に先に生地を少量合わせておくと、生地になじみやすくなる。

ⓐ 酒粕
清酒を醸造する際に原料を発酵させた「もろみ」を搾ったものが清酒で、その残りかすが酒粕。ビタミンや食物繊維などが豊富。

和風にする

## BANANA CAKE あんときな粉 *à la pâte de haricots rouges et farine de soja*

**材料**（18cmパウンド型1台分）
バター（食塩不使用）　70g
きび砂糖　40g
卵　L1個(60g)
バナナ　40+20g
粒あんⓐ　100g
ラム酒（あれば）　小さじ1
**A**
│薄力粉　40g
│きな粉ⓑ　30g
│ベーキングパウダー　小さじ½

**下準備**
○上の「酒粕」と同様にする。ただしバナナ40gはフォークの背でつぶしてピュレ状にし、残りのバナナ20gは1cm角に切る。酒粕と牛乳は不要。
○粒あんにラム酒をふって混ぜる。

**作り方**
1　上の「酒粕」の1～9と同様に作る。ただし1ではグラニュー糖の代わりにきび砂糖を使う。4のプロセスは不要。5ではピュレ状にしたバナナ40gと粒あん20gを加える。6では25～30回混ぜ、粉けがなくなり、表面につやが出たらOK。7では1cm角に切ったバナナ20gと残りの粒あん80gを加え、大きく2～3回混ぜる。

*Note*
○食感を出すために粒あんを使用したが、こしあんでもOK。
○焼き上がったバナナケーキの表面に好みでラム酒大さじ1を塗ってもおいしい。香りが豊かになり、生地もしっとりとする。くるみや、ラム酒に漬けたドライいちじくを加えてもよく合う。
○子ども用に酒類を抜いて作りたい場合は、粒あんにラム酒を加えなくてもよい。

ⓐ 粒あん
皮を残したままつぶさずに作った小豆あんのこと。豆の食感が味わえる。商品によって甘みが異なるので好みのものを選んで。

ⓑ きな粉
大豆をいって粉末にしたもの。大豆の種類によって黄色と緑色があるが、黄色が一般的。和菓子に用いられることが多い。

## BANANA CAKES

### 大人向けにする

実はバナナの甘みは
お酒にもよく合います。
ここではラム酒や
ブランデーなど、
お酒を加えて
ちょっと大人っぽい味に。

**BANANA CAKE**
# ラムレーズン
*aux raisins secs et au rhum*

BANANA CAKE
# ブランデーといちじく
*aux figues et au cognac*

BANANA CAKE
# オレンジコンフィとヘーゼルナッツ
*aux écorces d'orange confites et aux noisettes*

BANANA CAKE
# ラムレーズン

*aux raisins secs et au rhum*

### 材料（18cmパウンド型1台分）
バター（食塩不使用） 70g
グラニュー糖 60g
卵 L1個(60g)
バナナ 40g
A
├ 薄力粉 70g
└ ベーキングパウダー 小さじ½
ラムレーズン
├ ドライレーズン ⓐ 40g
└ ラム酒 ⓑ 大さじ1

### 下準備
○ラムレーズンを作る。ドライレーズンは熱湯をかけてⓒ水けをきり、ペーパータオルで水けを拭き取るⓓ。ラム酒と合わせてⓔ3時間〜ひと晩おき、汁けをきって粗く刻む。
○バターは常温（約25℃）にもどす。
○卵は常温（約25℃）にもどし、フォークなどで溶きほぐす。
○バナナはフォークの背でつぶし、ピュレ状にする。
○Aは合わせてふるう。
○型にオーブン用シートを敷く（P9参照）。
○オーブンはほどよいタイミングで200℃に予熱する。

### 作り方
1 ボウルにバターとグラニュー糖を入れ、ゴムべらでグラニュー糖が完全になじむまですり混ぜる。
2 ハンドミキサーの高速で全体に空気を含ませるようにしながら3分ほど混ぜる。
3 卵を5回ほどに分けて加え、そのつどハンドミキサーの低速で10秒ほど混ぜてから高速にしてさらに混ぜ、全体になじむまでしっかりと混ぜ合わせる。
4 バナナを加え、ゴムべらで軽く混ぜてなじませる。
5 Aを加え、片手でボウルを回しながら、底から大きくすくい返すようにして全体を20回ほど混ぜる。少し粉けが残るくらいでOK。
6 ラムレーズンを加え、同様に5〜10回混ぜる。粉けがなくなり、表面につやが出たらOK。
7 型に6を入れ、底を台に2〜3回打ちつけて生地の表面を平らにならす。予熱完了後に180℃に下げたオーブンで35分ほど焼く。
8 裂け目に軽く焼き色がつき、竹串を刺してもなにもついてこなければできあがり。オーブン用シートごと型からはずし、網に上げて冷ます。

> *Note* ○バナナの甘みにラムレーズンのこくがマッチ。ラム酒が全体の味を引き締め、バランスもよくなる。
> ○ドライレーズンは時間がある場合はひと晩漬けるのがおすすめ。市販のラムレーズンを使ってもよい。

ⓐ ドライレーズン
完熟したぶどうの実を乾燥させたもの。酸味が控えめで食べやすく、菓子やパン作りに用いられることが多い。鉄分、カルシウムなどが豊富。

ⓑ ラム酒
サトウキビの糖みつが原料の蒸留酒。ダーク、ゴールド、ホワイトに分けられ、味や香りも異なる。菓子作りにはダークが使われることが多い。

### お酒のこと

リキュールは菓子の香りづけによく用いられ、少量加えるだけで風味が格段によくなります。本書で使用したのはグランマルニエ、ブランデー、ラム酒、キルシュ。ドライフルーツや缶詰のくだものなどと組み合わせると、素材の味も引き立ちます。
グランマルニエは柑橘系、ブランデーはドライフルーツ全般、ラム酒はレーズンやマロン、キルシュはベリー系と合います。菓子作りを始める際に買いそろえるなら、ブランデーとキルシュがあると重宝します。

## BANANA CAKE ブランデーといちじく　*aux figues et au cognac*

**材料**（18cmパウンド型1台分）
バター（食塩不使用）　70g
グラニュー糖　60g
卵　L1個（60g）
バナナ　40g
A
　薄力粉　70g
　ベーキングパウダー　小さじ½
ドライいちじく　50g
ブランデー ⓐ　大さじ1+1
チョコレート（スイート）　20g

**下準備**
○ドライいちじくは熱湯をかけて表面をふやかし、水けをきって1cm角に切る。ブランデー大さじ1と合わせて3時間～ひと晩おく。
○P42「ラムレーズン」と同様にする。ただしラムレーズンは不要。
○チョコレートは粗く刻む。

**作り方**
1　P42「ラムレーズン」の1～8と同様に作る。ただし6ではラムレーズンの代わりにブランデーに漬けたドライいちじくとチョコレートを加える。8では焼き上がったら、熱いうちにオーブン用シートをはがし、残りのブランデー大さじ1をはけでトップと側面に塗って、すぐにラップでぴったりと包み、そのまま冷ます。

> *Note*
> ○いちじくとチョコレートは相性のよい組み合わせ。いちじくのプチプチとした食感も楽しい。
> ○ブランデーは生地が熱いうちに塗ること。冷めるとしみ込みにくくなり、余分な水分が蒸発せず、ベチャッとした食感になる。ラップで包み、ゆっくりと熱を逃がしながら冷ますと生地がしっとりとし、ブランデーの香りもほどよく残る。翌日以降はブランデーがなじみ、まろやかな味に。
> ○クーベルチュールチョコレートはヴァローナの「グアナラ」（カカオ分70%）を使用。5mm角ほどに刻むが、大小あって構わない。

ⓐ ブランデー
ぶどうなどの果実酒を蒸留し、たるで長期間熟成させたリキュール。フルーティーな香りと重厚感のある味わいが特徴。

## BANANA CAKE オレンジコンフィとヘーゼルナッツ
*aux écorces d'orange confites et aux noisettes*

大人向けにする

**材料**（18cmパウンド型1台分）
バター（食塩不使用）　70g
グラニュー糖　60g
卵　L1個（60g）
バナナ　40g
A
　薄力粉　70g
　ベーキングパウダー　小さじ½
オレンジコンフィ（ダイス状）ⓐ　50g
グランマルニエ　大さじ1+1
ヘーゼルナッツ（ロースト済み）　20+10g

**下準備**
○オレンジコンフィはグランマルニエ大さじ1と合わせて3時間～ひと晩おく。
○P42「ラムレーズン」と同様にする。ただしラムレーズンは不要。
○ヘーゼルナッツ20gは4等分に切り、残りのヘーゼルナッツ10gは半分に切る。

**作り方**
1　P42「ラムレーズン」の1～8と同様に作る。ただし6ではラムレーズンの代わりにグランマルニエに漬けたオレンジコンフィと4等分に切ったヘーゼルナッツ20gを加える。7では表面を平らにならした生地に残りの半分に切ったヘーゼルナッツ10gを散らしてから焼く。8では焼き上がったら、熱いうちにオーブン用シートをはがし、残りのグランマルニエ大さじ1をはけでトップと側面に塗って、すぐにラップでぴったりと包み、そのまま冷ます。

> *Note*
> ○オレンジコンフィに合うようにオレンジリキュールのグランマルニエを使用。柑橘系のさわやかな味に。
> ○オレンジコンフィは大きいものを小さく刻んでも構わない。
> ○グランマルニエがない場合はブランデーやキルシュで代用してもよい。

ⓐ オレンジコンフィ
オレンジの皮を砂糖などに漬けたもの。オレンジピールとも呼ばれる。オレンジ特有のさわやかさとほろ苦さが楽しめる。

# CARROT CAKES

## キャロットケーキ

材料を準備したら、あとは順に泡立て器で
混ぜていくだけ。キャロットケーキ作りには、
ハンドミキサーも不要です。
にんじんはすりおろさないので水っぽくならず、
ほどよくしっとりした生地に焼き上がります。
サラダ油のおかげで口あたりも軽やか！
おやつにも、軽食にもなります。

# CARROT CAKE
## 基本のキャロットケーキ
*nature*

**材料**（18cmパウンド型1台分）
卵　L1個（60g）
サラダ油　60g
きび砂糖　55g
牛乳　25㎖
にんじん　55g
ドライレーズン　25g
くるみ（ロースト済み）　15g
ココナッツファイン　15g
**A**
　薄力粉　80g
　シナモンパウダー　小さじ½
　ナツメグパウダー　小さじ¼
　ベーキングパウダー　小さじ½
　ベーキングソーダ　小さじ¼

**下準備**
○卵は常温（約25℃）にもどす。
→冷たい卵は生地に混ざりにくい。

○ドライレーズンは熱湯をかけて水けをきるⓐ。
→熱湯をかけると表面がふやけてほぐれやすくなる。オイルコーティングされている場合はオイルも取り除ける。

○くるみは手で小さく砕くⓑ。
→大きさはそろっていなくても構わない。

○にんじんはスライサーなどで短めのせん切りにするⓒ。
→計量しながらスライサーでせん切りにするとスムーズ。スライサーがない場合は包丁で長さ2〜3cmのせん切りにする。

○**A**は合わせてふるうⓓ。
→万能こし器や目の細かいざるに入れてふるう。だまになりにくく、生地をなめらかにするため。製菓の基本技術のひとつ。

○型にオーブン用シートを敷くⓔ。
→オーブン用シートの敷き込み方はP9を参照。

○オーブンはほどよいタイミングで200℃に予熱する。
→予熱時間は機種によって異なるので、タイミングを見て予熱を始めること。

CARROT CAKE 基本のキャロットケーキ *nature*

作り方

1 ボウルに卵とサラダ油を入れ、泡立て器でなめらかになるまで静かに混ぜるⓐ。
→泡立てないように混ぜる。卵とサラダ油がなじみ、乳化すればOK。

2 きび砂糖を加えⓑ、粘りけが出て、砂糖のざらつきがなくなるまですり混ぜるⓒ。
→ここも泡立てないように静かに混ぜる。砂糖の粒が見えなくなったらOK。

3 牛乳を加えⓓ、ざっと混ぜるⓔ。
→全体になじむまで、軽く混ぜ合わせる。

4 にんじん、ドライレーズン、くるみ、ココナッツファインを加えⓕ、ゴムべらで軽く混ぜるⓖ。
→大きくぐるぐると混ぜて、よくなじませる。

5 Aを加えⓗ、片手でボウルを回しながら、底から大きくすくい返すようにして全体を20回ほど混ぜるⓘⓙ。粉けがなくなり、表面につやが出たらOKⓚ。
→ボウルの奥のほうからゴムべらを差し込んで、「の」の字を描くイメージで、底からすくい上げるようにしてゴムべらを返す。同時に片手でボウルを手前に回し、生地全体が効率よく混ざるようにする。
→生地はゆるめ。ときどきボウルの側面についた生地も取りながら、切るように混ぜて完全になじませる。むらが出ないよう気をつける。

6 型に5を流し入れⓛ、底を台に2〜3回打ちつけて生地の表面を平らにならすⓜ。予熱完了後に180℃に下げたオーブンで40分ほど焼く。
→生地の量は型の高さの8分目が目安。台に打ちつけて余分な空気を抜き、生地の表面を平らにする。
→天板の中央に型をのせ、オーブンの下段で焼く。作業は手早く行うこと。オーブンは扉を開閉すると庫内の温度が下がるので、高めの温度で予熱をしている。焼成時は必ず180℃にする。

7 裂け目に焼き色がつきⓝ、竹串を刺してもなにもついてこなければできあがり。型ごと網に上げて冷ますⓞ。
→裂け目の焼き色が薄い場合はオーブンに戻し、追加で5分ずつ様子を見ながら焼く。
→ゆっくりと熱を逃がしたいので、型に入れたまま冷ます。生地がしっとりとし、パサつきが防げる。

Note
○にんじん、きび砂糖の自然な甘みにスパイスがほんのり加わり、子どもでも食べやすい味。
○好みでドライレーズン、くるみ、シナモンパウダー、ナツメグパウダーの量を調整してもよい。
○完全に冷めたら型からはずし、ラップで包んでⓟⓠ冷蔵室で保存する。保存の目安は4〜5日（水分の多いくだものや野菜を使用する場合は2〜3日）。冷やしたものは生地が締まっておいしい。
○サレ（P.68〜71）は温かいうちがおいしいが、すぐに食べない場合は冷ましてからラップで包み、冷蔵室で保存する。保存の目安は2〜3日。食べるときはカットしたものをオーブン用シートで包み、180℃に予熱したオーブンで10分ほど（またはオーブントースターで5分ほど）温めるのがおすすめ。

CARROT CAKE 基本のキャロットケーキ ⚘ nature

## 基本の材料

**卵**
Lサイズ1個、正味60g（P68〜71「サレにする」のみLサイズ2個、正味120g）が目安。なるべく新鮮なものがよい。個体差があるので計量して確認を。±5g程度は許容範囲。サラダ油となじみやすいように常温（約25℃）にもどしてから使う。

**サラダ油**
いわゆるサラダ油のほか、植物油であるなたね油、コーン油、大豆油などでも可。オリーブオイルは風味が強いので不向き。

**きび砂糖**
ミネラルが豊富でマイルドな甘みが特徴。こくが出て、やさしい味に仕上がる。風味は変わるが、グラニュー糖でも作れる。

**牛乳**
一般的な牛乳で構わないが、低脂肪乳や豆乳は不向き。使用する量が少ないので、常温（約25℃）にもどす必要はない。

**にんじん**
スーパーなどで売られている一般的なもの。オーガニックのにんじんの場合はよく洗い、皮ごとせん切りにしてもおいしい。

## フロスティング

キャロットケーキにはフロスティングがとてもよく合います。お好みでこの3種類のレシピをぜひ合わせてみてください。

### ● 基本のフロスティング

ほんのり酸味を感じるクリームチーズベースのフロスティング。クリームチーズがだまにならないように、硬さを均一にしてからバターを混ぜる。ミニトマト（P64）とサレ（P68〜71）以外、たいていよく合う万能型。

ⓐ  ⓑ  ⓒ

ⓓ  ⓔ  ⓕ

ⓖ

**材料と作り方**（18cmのキャロットケーキ1本分）

1 クリームチーズ100gとバター（食塩不使用）5gは常温（約25℃）にもどす。
2 ボウルにクリームチーズを入れ、ゴムべらで混ぜて硬さを均一にするⓐ。
3 バターを2回に分けて加え、そのつどよく混ぜ合わせ、全体をなめらかにする。
4 茶こしで粉砂糖10gをふるい入れⓑ、よく混ぜ合わせるⓒ。
5 好みのキャロットケーキに4をのせ、パレットナイフで均一な厚さになるように塗り広げるⓓ。パレットナイフを立てて持ち、側面も整えるⓔ。
6 ラップで包み、手で形を整えるⓕ。冷蔵室で1時間ほど冷やしてから切り分けるⓖ。

### ドライレーズン
ギュッと凝縮されたぶどうのうまみと甘みが味のアクセントになる。なるべくオイルコーティングされていないものを選ぶ。

### シナモンパウダー
基本的には小さじ½量を使用。風味が強いので、組み合わせる素材などによっては使わなかったり、量を減らしたりして調節している。

### くるみ
製菓用のロースト済みのむきくるみを使用。生くるみの場合は160℃に予熱したオーブンで15分ほど焼く。香ばしくなり、歯ごたえもよくなる。

### ナツメグパウダー
肉料理などに使われることが多いが、焼き菓子の風味づけにもよい。ほんのり甘みがあり、スパイシーな香りが加わる。

### ココナッツファイン
熟したココやしの果肉を削って乾燥させ、粗い粉末状にしたもの。サクッとした食感を演出する。製菓食材店などで購入可。

### ベーキングパウダー
生地を膨張させ、焼き菓子をふっくらと焼き上げる。アルミニウムフリーのものを使用。

### 薄力粉
きめ細かく仕上がる製菓用の「スーパーバイオレット」を使用したが、「バイオレット」でもよい。食感が変わるので「フラワー」は避ける。

### ベーキングソーダ
いわゆる重曹のこと。ベーキングパウダーは縦に、ベーキングソーダは横に膨らむ働きがあるといわれている。苦みが出ることもあるので、分量は守ること。

---

## ● 酸味のあるフロスティング

サワークリームベースのさわやかで軽い口あたりのフロスティング。サワークリームがやわらかいので、バターを少し増やしている。

**よく合うもの**
- 基本のキャロットケーキ(P44)
- りんご(P50)
- グレープフルーツとカルダモン(P51)
- アプリコットとレモン(P54)
- パイナップルとココナッツ(P54)
- アーモンドとオレンジ(P57)
- フォレノワール風(P61)

**材料と作り方**(18cmのキャロットケーキ1本分)

1 バター(食塩不使用)15gは常温(約25℃)にもどす。
2 ボウルにサワークリーム100gを入れ、ゴムべらで軽く混ぜて硬さを均一にする。
3 バターを2~3回に分けて加え、そのつどよく混ぜ合わせ、全体をなめらかにする。
4 茶こしで粉砂糖10gをふるい入れ、よく混ぜ合わせる。
5 好みのキャロットケーキに4をのせ、パレットナイフで均一な厚さになるように塗り広げる。パレットナイフを立てて持ち、側面も整える。
6 ラップで包み、手で形を整える。冷蔵室で1時間ほど冷やしてから切り分ける。

## ● 甘みのあるガナッシュ

ホワイトチョコレートを使用した濃厚なガナッシュ。生クリームを牛乳にしてもOK。

**よく合うもの**
- 基本のキャロットケーキ(P44)
- りんご(P50)
- くるみとバナナ(P56)
- アーモンドとオレンジ(P57)
- フォレノワール風(P61)
- かぼちゃとヘーゼルナッツ(P65)

**材料と作り方**(18cmのキャロットケーキ1本分)

1 クリームチーズ100gは常温(約25℃)にもどす。ホワイトチョコレート25gは湯せんにかけて溶かしⓐⓑ、湯せんからはずして常温(約25℃)に冷ます。
2 ボウルにクリームチーズを入れ、ゴムべらで混ぜて硬さを均一にする。
3 ホワイトチョコレートを2~3回に分けて加え、そのつどよく混ぜ合わせ、全体をなめらかにするⓒ。
4 生クリーム(乳脂肪分35%)小さじ1強を2~3回に分けて加え、そのつどよく混ぜ合わせる。
5 好みのキャロットケーキに4をのせ、パレットナイフで均一な厚さになるように塗り広げる。パレットナイフを立てて持ち、側面も整える。
6 ラップで包み、手で形を整える。冷蔵室で1時間ほど冷やしてから切り分ける。

**ホワイトチョコレート**
カカオバターに砂糖と乳成分を混ぜたクリーミーなチョコレート。ヴァローナの「イボワール」などがおすすめ。

# CARROT CAKES

## くだものを加える

キャロットケーキという土台に、
くだものを加えると表情が一変。
砂糖だけでは醸し出せないような
豊かな甘さをたたえたケーキが
できあがります。

**CARROT CAKE**
りんご
*aux pommes*

CARROT CAKE
# グレープフルーツと
# カルダモン

*au pamplemousse et
à la cardamome*

CARROT CAKE
# りんご
*aux pommes*

## 材料（18cmパウンド型1台分）

りんご煮
- りんご　½個（100g）
- きび砂糖　大さじ1
- レモン果汁　小さじ1
- シナモンパウダー　小さじ½

卵　L1個（60g）
サラダ油　60g
きび砂糖　50g
牛乳　25mℓ
にんじん　40g
ドライレーズン　40g
くるみ（ロースト済み）　15g
ココナッツファイン　15g

A
- 薄力粉　80g
- シナモンパウダー　小さじ½
- ナツメグパウダー　小さじ¼
- ベーキングパウダー　小さじ½
- ベーキングソーダ　小さじ¼

## 下準備
- 卵は常温（約25℃）にもどす。
- ドライレーズンは熱湯をかけて水けをきる。
- くるみは手で小さく砕く。
- にんじんはスライサーなどで短めのせん切りにする。
- Aは合わせてふるう。
- 型にオーブン用シートを敷く（P9参照）。
- オーブンはほどよいタイミングで200℃に予熱する。

## 作り方

1. りんご煮を作る。りんごは1cm角に切り、小鍋に移す。きび砂糖、レモン果汁、シナモンパウダーを加え、木べらなどで軽く混ぜて弱火で熱しⓐ、ふたをして5分ほど煮るⓑ。
2. ふたを取って中火にして汁を飛ばし、バットに移してそのまま冷ますⓒ。りんご煮のできあがり。
3. ボウルに卵とサラダ油を入れ、泡立て器でなめらかになるまで静かに混ぜる。
4. きび砂糖を加え、粘りけが出て、砂糖のざらつきがなくなるまですり混ぜる。
5. 牛乳を加え、ざっと混ぜる。
6. にんじん、ドライレーズン、くるみ、ココナッツファイン、2のりんご煮を加え、ゴムべらで軽く混ぜる。
7. Aを加え、片手でボウルを回しながら、底から大きくすくい返すようにして全体を20回ほど混ぜる。粉けがなくなり、表面につやが出たらOK。
8. 型に7を流し入れ、底を台に2～3回打ちつけて生地の表面を平らにならす。予熱完了後に180℃に下げたオーブンで40分ほど焼く。
9. 裂け目に焼き色がつき、竹串を刺してもなにもついてこなければできあがり。型ごと網に上げて冷ます。

ⓐ 　ⓑ 　ⓒ

*Note*
- シナモンパウダーの香り、りんごの酸味が絶妙。
- りんごは紅玉を使用。果肉が硬めで、酸味のあるものがよい。りんご煮は多めに作ってヨーグルトなどに加えてもおいしい。
- ドライレーズンにブランデー大さじ1をからめて3時間～ひと晩おいても。深みが増し、大人向けの味になる。

くだものを加える

CARROT CAKE
# グレープフルーツとカルダモン
*au pamplemousse et à la cardamome*

## 材料（18cmパウンド型1台分）
卵　L1個(60g)
サラダ油　60g
きび砂糖　55g
にんじん　55g
グレープフルーツ　小1個(80〜100g)
くるみ(ロースト済み)　15g
ココナッツファイン　15g
A
　薄力粉　80g
　カルダモンパウダー　小さじ1/2
　ベーキングパウダー　小さじ1/2
　ベーキングソーダ　小さじ1/4

## 下準備
○卵は常温(約25℃)にもどす。
○くるみは手で小さく砕く。
○にんじんはスライサーなどで短めのせん切りにする。
○グレープフルーツの皮はすりおろし ⓐ、にんじんと合わせる。残りのグレープフルーツは上下を薄く切り落とし ⓑ、皮を薄皮ごと縦に切り落とす ⓒ。薄皮と果肉の間に包丁を入れて1房ずつ果肉を取り出し ⓓ、さらに1房を4等分に切る。
○Aは合わせてふるう。
○型にオーブン用シートを敷く(P9参照)。
○オーブンはほどよいタイミングで200℃に予熱する。

## 作り方
1 ボウルに卵とサラダ油を入れ、泡立て器でなめらかになるまで静かに混ぜる。
2 きび砂糖を加え、粘りけが出て、砂糖のざらつきがなくなるまですり混ぜる。
3 グレープフルーツの皮と合わせたにんじん、くるみ、ココナッツファインを加え、ゴムべらで軽く混ぜる。
4 Aを加え、片手でボウルを回しながら、底から大きくすくい返すようにして全体を15回ほど混ぜる。少し粉けが残るくらいでOK。
5 グレープフルーツの果肉を加え、同様に4〜5回混ぜる。粉けがなくなり、表面につやが出たらOK。
6 型に5を流し入れ、底を台に2〜3回打ちつけて生地の表面を平らにならす。予熱完了後に180℃に下げたオーブンで40分ほど焼く。
7 裂け目に焼き色がつき、竹串を刺してもなにもついてこなければできあがり。型ごと網に上げて冷ます。

ⓐ　ⓑ　ⓒ　ⓓ

### Note
○カルダモンの清涼感がグレープフルーツのさっぱりとした酸味とよく合う。ほかの柑橘類を使ってもよい。
○グレープフルーツの果肉は生地に80〜100gを使用。果肉が残った場合は生地のトップにのせて焼いてもよい。
○グレープフルーツの果肉に水分があるので、生地に牛乳は加えない。保存もほかのものより短く、2〜3日を目安にする。

### キャロットケーキによく合う食材

グレープフルーツやオレンジなどの柑橘類がよく合います。水分量の多い生のくだものを加える場合は、生地に牛乳は加えません。形の崩れやすいものは生地の粉類を混ぜ終えてから加えてください。ドライフルーツの場合は熱湯をかけ、少しやわらかくしてから加えるとなじみやすいです。
　かぼちゃやじゃがいもなどの甘みが強い野菜も合います。加熱してから生地に加えますが、混ぜたときに形が崩れないように、少し硬めに仕上げておくのがポイントです。焼成時にも火が入るので問題ありません。

CARROT CAKE
## アプリコットとレモン
*aux abricots secs et au citron*

CARROT CAKE
## パイナップルとココナッツ
*à l'ananas et à la noix de coco*

## アプリコットとレモン

**材料**（18cmパウンド型1台分）
卵　L1個(60g)
サラダ油　60g
きび砂糖　40g
はちみつ　10g
レモン果汁　25ml
にんじん　55g
レモンの皮　½個分
ドライアプリコット　60g
ココナッツファイン　15g
**A**
│　薄力粉　80g
│　ベーキングパウダー　小さじ½
│　ベーキングソーダ　小さじ¼

**下準備**
○卵は常温(約25℃)にもどす。
○ドライアプリコットは熱湯に5分ほどつけ、表面がふやけたら水けをきり、粗く刻む。
○にんじんはスライサーなどで短めのせん切りにする。
○レモンの皮はすりおろし、にんじんと合わせる。
○**A**は合わせてふるう。
○型にオーブン用シートを敷く(P9参照)。
○オーブンはほどよいタイミングで200℃に予熱する。

**作り方**
1　ボウルに卵とサラダ油を入れ、泡立て器でなめらかになるまで静かに混ぜる。
2　きび砂糖とはちみつを加え、粘りけが出て、砂糖のざらつきがなくなるまですり混ぜる。
3　レモン果汁を加え、ざっと混ぜる。
4　レモンの皮と合わせたにんじん、ドライアプリコット、ココナッツファインを加え、ゴムべらで軽く混ぜる。
5　**A**を加え、片手でボウルを回しながら、底から大きくすくい返すようにして全体を20回ほど混ぜる。粉けがなくなり、表面につやが出たらOK。
6　型に**5**を流し入れ、底を台に2〜3回打ちつけて生地の表面を平らにならす。予熱完了後に180℃に下げたオーブンで40分ほど焼く。
7　裂け目に焼き色がつき、竹串を刺してもなにもついてこなければできあがり。型ごと網に上げて冷ます。

*Note*　○牛乳の代わりにレモン果汁を使い、さわやかな味に仕上げた。レモンの酸味とやさしい甘さのアプリコットは相性抜群。
○レモンの皮は国産の、農薬やポストハーベスト不使用のものを使うこと。

## パイナップルとココナッツ

**材料**（18cmパウンド型1台分）
卵　L1個(60g)
サラダ油　60g
きび砂糖　55g
牛乳　25ml
にんじん　55g
くるみ(ロースト済み)　15g
ココナッツファイン　15g
ココナッツロング　20g+少々
パイナップル(缶)ⓐ　2+1枚
**A**
│　薄力粉　80g
│　シナモンパウダー　小さじ½
│　ベーキングパウダー　小さじ½
│　ベーキングソーダ　小さじ¼

**下準備**
○上の「アプリコットとレモン」と同様にする。ただしドライアプリコットとレモンの皮は不要。
○くるみは手で小さく砕く。
○パイナップル2枚は1cm角に切る。残りのパイナップル1枚は8等分に切る。それぞれペーパータオルで汁を拭き取る。

**作り方**
1　上の「アプリコットとレモン」の**1〜7**と同様に作る。ただし**2**のはちみつは不要。**3**ではレモン果汁の代わりに牛乳を加える。**4**ではにんじん、くるみ、ココナッツファイン、ココナッツロング20g、1cm角に切ったパイナップルを加える(レモンの皮とドライアプリコットは不要)。**6**では表面を平らにならした生地に8等分に切ったパイナップルをバランスよく並べ、残りのココナッツロング少々を散らす。

*Note*　○パイナップルの甘酸っぱさとココナッツの甘みでトロピカルな味に。
○生地に2種のココナッツを使うことで食感と風味がアップ。飾り用のココナッツロングがカリッと焼けて香ばしさも加わる。

ⓐ　パイナップル(缶)
芯を除いて輪切りにしたパイナップルをシロップに漬けたもの。キャロットケーキに加えると甘みと酸味が加わり、南国風の味になる。

くだものを加える

# CARROT CAKES

## ナッツを加える

しっとりとした
キャロットケーキの生地に
硬いナッツが加わると
存在感あるアクセントになります。
あずきを加えると
和菓子のような雰囲気に。

### CARROT CAKE
### くるみとバナナ
*aux noix et à la banane*

CARROT CAKE
あずき
aux haricots rouge

CARROT CAKE
アーモンドとオレンジ
aux amandes et à l'orange

## CARROT CAKE くるみとバナナ *aux noix et à la banane*

**材料**（18cmパウンド型1台分）
- 卵　L1個（60g）
- サラダ油　60g
- きび砂糖　45g
- 牛乳　25mℓ
- にんじん　55g
- くるみ（ロースト済み）　25g
- ココナッツファイン　25g
- A
  - 薄力粉　80g
  - シナモンパウダー　小さじ½
  - ナツメグパウダー　小さじ¼
  - ベーキングパウダー　小さじ½
  - ベーキングソーダ　小さじ¼
- バナナ　70g

**下準備**
- ○卵は常温（約25℃）にもどす。
- ○くるみは手で小さく砕く。
- ○にんじんはスライサーなどで短めのせん切りにする。
- ○バナナは厚さ1cmのいちょう切りにする。
- ○Aは合わせてふるう。
- ○型にオーブン用シートを敷く（P9参照）。
- ○オーブンはほどよいタイミングで200℃に予熱する。

**作り方**
1. ボウルに卵とサラダ油を入れ、泡立て器でなめらかになるまで静かに混ぜる。
2. きび砂糖を加え、粘りけが出て、砂糖のざらつきがなくなるまですり混ぜる。
3. 牛乳を加え、ざっと混ぜる。
4. にんじん、くるみ、ココナッツファインを加え、ゴムべらで軽く混ぜる。
5. Aを加え、片手でボウルを回しながら、底から大きくすくい返すようにして全体を15回ほど混ぜる。少し粉けが残るくらいでOK。
6. バナナを加え、同様に4〜5回混ぜる。粉けがなくなり、表面につやが出たらOK。
7. 型に6を流し入れ、底を台に2〜3回打ちつけて生地の表面を平らにならす。予熱完了後に180℃に下げたオーブンで40分ほど焼く。
8. 裂け目に焼き色がつき、竹串を刺してもなにもついてこなければできあがり。型ごと網に上げて冷ます。

*Note*
- ○バナナに甘みがあるのできび砂糖を減らし、ココナッツファインを増やしてさっぱり感をプラス。
- ○バナナは食感を残したいので、つぶさないように混ぜる。
- ○くるみはローストされていないものは160℃に予熱したオーブンで15分ほど焼く。

---

## CARROT CAKE あずき *aux haricots rouge*

**材料**（18cmパウンド型1台分）
- 卵　L1個（60g）
- サラダ油　60g
- きび砂糖　45g
- 牛乳　25mℓ
- にんじん　55g
- ドライレーズン　25g
- くるみ（ロースト済み）　25g
- ゆであずき（加糖）ⓐ　100g
- A
  - 薄力粉　80g
  - シナモンパウダー　小さじ¼
  - ベーキングパウダー　小さじ½
  - ベーキングソーダ　小さじ¼

ⓐ ゆであずき（加糖）
やわらかくゆでたあずきに甘みを加えたもの。今回は水分のないタイプを使用。水分があるものは鍋で煮詰めて水分を飛ばしてから使う。

**下準備**
- ○卵は常温（約25℃）にもどす。
- ○ドライレーズンは熱湯をかけて水けをきる。
- ○くるみは手で小さく砕く。
- ○にんじんはスライサーなどで短めのせん切りにする。
- ○Aは合わせてふるう。
- ○型にオーブン用シートを敷く（P9参照）。
- ○オーブンはほどよいタイミングで200℃に予熱する。

**作り方**
1. 上の「くるみとバナナ」の1〜8と同様に作る。ただし4ではにんじん、ドライレーズン、くるみ、ゆであずきを加える（ココナッツファインは不要）。5では粉けがなくなるまで20回ほど混ぜる。6のプロセスは不要。

*Note*
- ○シナモンパウダーのエキゾチックな香りがあずきとマッチ。
- ○あずきに甘みがあるので、きび砂糖は減らした。ナツメグパウダーは不要。
- ○ローストされていないくるみは160℃に予熱したオーブンで15分ほど焼く。

## CARROT CAKE
# アーモンドとオレンジ
*aux amandes et à l'orange*

**材料**（18cmパウンド型1台分）
卵　L1個（60g）
サラダ油　60g
きび砂糖　55g
にんじん　55g
オレンジ　1個（100g）
アーモンドダイス（ロースト済み）　30＋5g
ココナッツファイン　15g
**A**
├ 薄力粉　80g
├ シナモンパウダー　小さじ1/2
├ ナツメグパウダー　小さじ1/4
├ ベーキングパウダー　小さじ1/2
└ ベーキングソーダ　小さじ1/4

**下準備**
○卵は常温（約25℃）にもどす。
○にんじんはスライサーなどで短めのせん切りにする。
○オレンジの皮はすりおろし ⓐ、にんじんと合わせる。残りのオレンジは上下を薄く切り落とし ⓑ、皮を薄皮ごと縦に切り落とす ⓒⓓ。薄皮と果肉の間に包丁を入れて ⓔ 1房ずつ果肉を取り出し ⓕ、さらに1房を3等分に切る。
○Aは合わせてふるう。
○型にオーブン用シートを敷く（P9参照）。
○オーブンはほどよいタイミングで200℃に予熱する。

**作り方**
1　ボウルに卵とサラダ油を入れ、泡立て器でなめらかになるまで静かに混ぜる。
2　きび砂糖を加え、粘りけが出て、砂糖のざらつきがなくなるまですり混ぜる。
3　オレンジの皮と合わせたにんじん、アーモンドダイス30g、ココナッツファインを加え、ゴムべらで軽く混ぜる。
4　Aを加え、片手でボウルを回しながら、底から大きくすくい返すようにして全体を15回ほど混ぜる。少し粉けが残るくらいでOK。
5　オレンジの果肉を加え、同様に4～5回混ぜる。粉けがなくなり、表面につやが出たらOK。
6　型に5を流し入れ、底を台に2～3回打ちつけて生地の表面を平らにならし、残りのアーモンドダイス5gを散らす。予熱完了後に180℃に下げたオーブンで40分ほど焼く。
7　裂け目に焼き色がつき、竹串を刺してもなにもついてこなければできあがり。型ごと網に上げて冷ます。

ナッツを加える

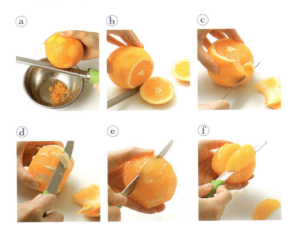

*Note*　○オレンジの酸味がさわやかなキャロットケーキ。オレンジの果肉が多めに入っているので、保存は2～3日が目安。
○アーモンドダイスは、ローストされていないものは160℃に予熱したオーブンで10分ほど焼く。好みで粗く砕いたヘーゼルナッツやくるみに代えてもOK。

# CARROT CAKES

## チョコレートと合わせる

意外に思われるかもしれませんが、
これがまたよく合うんです。
チョコレートが主役になりますが、
重くならず、さらっとした食べ心地の
キャロットケーキになります。

CARROT CAKE
# チョコチップと五香粉
*aux pépites de chocolat et cinq épices*

CARROT CAKE
フォレノワール風
*façon forêt noire*

61

CARROT CAKE
# チョコチップと五香粉

*aux pépites de chocolat et cinq épices*

**材料**（18cmパウンド型1台分）
卵　L1個(60g)
サラダ油　60g
きび砂糖　40g
はちみつ　10g
牛乳　25mℓ
にんじん　55g
ドライレーズン　25g
くるみ（ロースト済み）　15g
ココナッツファイン　15g
チョコレート（スイート）　30g
A
　薄力粉　80g
　シナモンパウダー　小さじ1/8
　五香粉ⓐ　小さじ1/8
　ベーキングパウダー　小さじ1/2
　ベーキングソーダ　小さじ1/4

**下準備**
○卵は常温（約25℃）にもどす。
○ドライレーズンは熱湯をかけて水けをきる。
○くるみは手で小さく砕く。
○にんじんはスライサーなどで短めのせん切りにする。
○チョコレートは粗く刻むⓑ。
○Aは合わせてふるう。
○型にオーブン用シートを敷く（P9参照）。
○オーブンはほどよいタイミングで200℃に予熱する。

**作り方**
1　ボウルに卵とサラダ油を入れ、泡立て器でなめらかになるまで静かに混ぜる。
2　きび砂糖とはちみつを加え、粘りけが出て、砂糖のざらつきがなくなるまですり混ぜる。
3　牛乳を加え、ざっと混ぜる。
4　にんじん、ドライレーズン、くるみ、ココナッツファイン、チョコレートを加え、ゴムべらで軽く混ぜる。
5　Aを加え、片手でボウルを回しながら、底から大きくすくい返すようにして全体を20回ほど混ぜる。粉けがなくなり、表面につやが出たらOK。
6　型に5を流し入れ、底を台に2〜3回打ちつけて生地の表面を平らにならす。予熱完了後に180℃に下げたオーブンで40分ほど焼く。
7　裂け目に焼き色がつき、竹串を刺してもなにもついてこなければできあがり。型ごと網に上げて冷ます。

> *Note*　○五香粉の甘い香りが口の中に広がるオリエンタルなキャロットケーキ。
> ○チョコレートは5mm角ほどを目安に刻むが、大きさはそろっていなくてもよい。市販のチョコチップを使用してもOK。

ⓐ 五香粉
八角、シナモン、フェンネル、クローブ、花椒などをブレンドした中国の混合香辛料。料理の香りづけや肉などの臭み消しに用いられる。

CARROT CAKE

# フォレノワール風
*façon forêt noire*

## 材料（18cmパウンド型1台分）
卵　L1個(60g)
サラダ油　60g
きび砂糖　55g
牛乳　25ml
にんじん　55g
ドライレーズン　25g
ココナッツファイン　15g
ダークチェリー(缶)ⓐ　60g＋3個
ダークチェリー(缶)のシロップ　大さじ½
キルシュ（あれば）ⓑ　大さじ½

**A**
　薄力粉　65g
　ココアパウダー　15g
　ベーキングパウダー　小さじ½
　ベーキングソーダ　小さじ¼

## 下準備
○ダークチェリー60gは4等分に切り、シロップとキルシュと合わせてひと晩おき、汁けをきる。残りのダークチェリー3個は半分に切る。
○卵は常温（約25℃）にもどす。
○ドライレーズンは熱湯をかけて水けをきる。
○にんじんはスライサーなどで短めのせん切りにする。
○Aは合わせてふるう。
○型にオーブン用シートを敷く（P9参照）。
○オーブンはほどよいタイミングで200℃に予熱する。

## 作り方
1 ボウルに卵とサラダ油を入れ、泡立て器でなめらかになるまで静かに混ぜる。

2 きび砂糖を加え、粘りけが出て、砂糖のざらつきがなくなるまですり混ぜる。

3 牛乳を加え、ざっと混ぜる。

4 にんじん、ドライレーズン、ココナッツファイン、4等分に切ったダークチェリーを加え、ゴムべらで軽く混ぜる。

5 Aを加え、片手でボウルを回しながら、底から大きくすくい返すようにして全体を20回ほど混ぜる。粉けがなくなり、表面につやが出たらOK。

6 型に5を流し入れ、底を台に2〜3回打ちつけて生地の表面を平らにならし、半分に切ったダークチェリーをバランスよく並べる。予熱完了後に180℃に下げたオーブンで40分ほど焼く。

7 裂け目に焼き色がつき、竹串を刺してもなにもついてこなければできあがり。型ごと網に上げて冷ます。

> *Note*
> ○フォレノワールとはチェリーが入ったチョコレートケーキのこと。フランス語で「黒い森」を意味する。このレシピはキャロットケーキがベースなので、チョコレート菓子特有のこってりとした感じがなく、さっぱりといただける。
> ○子ども用に酒類を抜いて作りたい場合は、キルシュを抜いてもOK。その際はシロップも使わず、ダークチェリーを漬け込む必要もない。

ⓐ ダークチェリー(缶)
紫さくらんぼの種を除き、シロップに漬けたもの。実が大きくて食べごたえがあり、酸味と甘みのバランスがいい。チョコレートとの相性が抜群。

ⓑ キルシュ
さくらんぼを発酵させて作る、無色透明で香り高い蒸留酒。キルシュはドイツ語で「さくらんぼ」を意味する。菓子の香りづけに用いられることが多い。

チョコレートと合わせる

## チョコレートの選び方

お菓子作りには製菓用のクーベルチュールチョコレートを使用するのがおすすめです。板チョコなどと比べると口溶けがよく、風味も楽しめます。

チョコレートの種類は大きく分けてスイート、ミルク、ホワイトの3つ。スイートは、名前こそ「スイート」ですが、苦みがあり、カカオの風味がより強く感じられるものです。ミルクは苦みが少なくて食べやすい甘さ。ホワイトはミルキーで甘みが強いのが特徴です。

本書で主に使用したのはクーベルチュールチョコレートのスイートタイプ。甘みのある生地と組み合わせると味にメリハリがつき、全体のバランスもよくなります。もちろん、レシピによっては好みでミルクやホワイトを使用しても構いません。

## CARROT CAKES

### 甘い野菜を加える

トマトやかぼちゃなど、
野菜の中でも甘みの強いものを
加えると、より一層豊かな
甘みが生み出されます。
とってもヘルシーなおやつです。

CARROT CAKE
## ミニトマト
*aux tomates cerises*

CARROT CAKE
かぼちゃとヘーゼルナッツ
au potiron et aux noisettes

CARROT CAKE
しょうがのコンフィ
au gingembre confit

## CARROT CAKE ミニトマト  aux tomates cerises

**材料**（18cmパウンド型1台分）
卵　L1個（60g）
サラダ油　60g
きび砂糖　55g
にんじん　55g
ココナッツファイン　15g
A
│　薄力粉　80g
│　シナモンパウダー　小さじ1/4
│　ベーキングパウダー　小さじ1/2
│　ベーキングソーダ　小さじ1/4
ミニトマト　10＋3〜4個

**下準備**
○卵は常温（約25℃）にもどす。
○にんじんはスライサーなどで短めのせん切りにする。
○ミニトマト10個はへたを取り、4つ割りにする。残りのミニトマト3〜4個はへたを取り、縦半分に切る。
○Aは合わせてふるう。
○型にオーブン用シートを敷く（P9参照）。
○オーブンはほどよいタイミングで200℃に予熱する。

**作り方**
1　ボウルに卵とサラダ油を入れ、泡立て器でなめらかになるまで静かに混ぜる。
2　きび砂糖を加え、粘りけが出て、砂糖のざらつきがなくなるまですり混ぜる。
3　にんじんとココナッツファインを加え、ゴムべらで軽く混ぜる。
4　Aを加え、片手でボウルを回しながら、底から大きくすくい返すようにして全体を15回ほど混ぜる。少し粉けが残るくらいでOK。
5　4つ割りにしたミニトマトを加え、同様に4〜5回混ぜる。粉けがなくなり、表面につやが出たらOK。
6　型に5を流し入れ、底を台に2〜3回打ちつけて生地の表面を平らにならし、縦半分に切ったミニトマトをバランスよく並べる。予熱完了後に180℃に下げたオーブンで40分ほど焼く。
7　裂け目に焼き色がつき、竹串を刺してもなにもついてこなければできあがり。型ごと網に上げて冷ます。

*Note*　○ミニトマトはできるだけ酸味が少なく、甘みのあるものを選ぶとよい。ミニトマトには水分が多く含まれているので、保存は2〜3日を目安にする。
○ミニトマトは形が崩れやすいので、粉類をある程度混ぜ合わせてから加えること。

## CARROT CAKE かぼちゃとヘーゼルナッツ

**材料**（18cmパウンド型1台分）
卵　L1個（60g）
サラダ油　60g
きび砂糖　40g
はちみつ　10g
牛乳　25ml
にんじん　55g
ドライレーズン　20g
ヘーゼルナッツ（ロースト済み）　20g
ココナッツファイン　15g
かぼちゃ　100g
A
│　薄力粉　80g
│　シナモンパウダー　小さじ1/2
│　ベーキングパウダー　小さじ1/2
│　ベーキングソーダ　小さじ1/4

**下準備**
○卵は常温（約25℃）にもどす。
○ドライレーズンは熱湯をかけて水けをきる。
○ヘーゼルナッツは4等分に切る。
○かぼちゃは1cm角に切り、耐熱性のボウルに入れてふんわりとラップをし、電子レンジで1分ほど加熱する。やわらかくなったら80gと20gに分ける。
○にんじんはスライサーなどで短めのせん切りにする。
○Aは合わせてふるう。
○型にオーブン用シートを敷く（P9参照）。
○オーブンはほどよいタイミングで200℃に予熱する。

## CARROT CAKE しょうがのコンフィ *au gingembre confit*

**材料**（18cmパウンド型1台分）
しょうがのコンフィ（作りやすい分量）
| しょうが　50g
| グラニュー糖　100g
| はちみつ　大さじ1
| 水　100ml
| レモン果汁　大さじ1
卵　L1個（60g）
サラダ油　60g
きび砂糖　55g
牛乳　25ml
にんじん　55g
ココナッツファイン　15g
しょうがのすりおろし　小さじ1
A
| 薄力粉　80g
| シナモンパウダー　小さじ½
| ベーキングパウダー　小さじ½
| ベーキングソーダ　小さじ¼

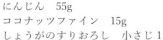

**下準備**
○卵は常温（約25℃）にもどす。
○にんじんはスライサーなどで短めのせん切りにする。
○Aは合わせてふるう。
○型にオーブン用シートを敷く（P9参照）。
○オーブンはほどよいタイミングで200℃に予熱する。

*Note* ○しょうがをたっぷりと使用した、さわやかですがすがしい味。しょうがのコンフィは煮すぎず、食感が少し残るくらいを目安に煮ること。
○しょうがのコンフィは40gのみ使用。残りはヨーグルトにかけたり、シロップを炭酸水（無糖）で割って飲んだりしてもおいしい。

**作り方**

1　しょうがのコンフィを作る。しょうがはせん切りにする。小鍋にグラニュー糖、はちみつ、水を入れてゴムべらで混ぜ、中火で熱する。煮立ったらしょうがを加え、再び煮立ったら弱火にして10分ほど煮る ⓐ。火を止め、レモン果汁を加えて混ぜ、ボウルに移してそのまま冷ます。

2　1のしょうがのコンフィ40gを汁けをきりながら取り分け ⓑ、粗く刻む ⓒ（残りは煮沸消毒をした保存瓶などに入れて冷蔵室で保存する。2週間ほどが目安）。

3　ボウルに卵とサラダ油を入れ、泡立て器でなめらかになるまで静かに混ぜる。

4　きび砂糖を加え、粘りけが出て、砂糖のざらつきがなくなるまですり混ぜる。

5　牛乳を加え、ざっと混ぜる。

6　にんじん、ココナッツファイン、2のしょうがのコンフィ40g、しょうがのすりおろしを加え、ゴムべらで軽く混ぜる。

7　Aを加え、片手でボウルを回しながら、底から大きくすくい返すようにして全体を20回ほど混ぜる。粉けがなくなり、表面につやが出たらOK。

8　型に7を流し入れ、底を台に2〜3回打ちつけて生地の表面を平らにならす。予熱完了後に180℃に下げたオーブンで40分ほど焼く。

9　裂け目に焼き色がつき、竹串を刺してもなにもついてこなければできあがり。型ごと網に上げて冷ます。

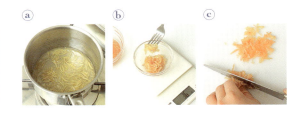

甘い野菜を加える

---

*au potiron et aux noisettes*

**作り方**

1　ボウルに卵とサラダ油を入れ、泡立て器でなめらかになるまで静かに混ぜる。

2　きび砂糖とはちみつを加え、粘りけが出て、砂糖のざらつきがなくなるまですり混ぜる。

3　牛乳を加え、ざっと混ぜる。

4　にんじん、ドライレーズン、ヘーゼルナッツ、ココナッツファイン、かぼちゃ80gを加え、ゴムべらで軽く混ぜる。

5　Aを加え、片手でボウルを回しながら、底から大きくすくい返すようにして全体を20回ほど混ぜる。粉けがなくなり、表面につやが出たらOK。

6　型に5を流し入れ、底を台に2〜3回打ちつけて生地の表面を平らにならし、残りのかぼちゃ20gを全体にのせる。予熱完了後に180℃に下げたオーブンで40分ほど焼く。

7　裂け目に焼き色がつき、竹串を刺してもなにもついてこなければできあがり。型ごと網に上げて冷ます。

*Note* ○にんじんとかぼちゃでビタミンたっぷり。
○かぼちゃには水分が多く含まれているので、保存は2〜3日を目安にする。

# CARROT CAKES

## サレにする

サレはフランス語で塩味のこと。
キャロットケーキは塩味にして、
朝食やブランチなどに
することもできます。
具だくさんで栄養もたっぷり。
冷まさずに焼きたてをどうぞ。

### CARROT CAKE
### ベーコン、キャベツ、粒マスタード
*au bacon, au chou et à la moutarde à l'ancienne*

CARROT CAKE
# サーモンとブロッコリー
*au saumon fumé et au brocoli*

CARROT CAKE
# クミン風味のにんじん
*aux carottes et au cumin*

## CARROT CAKE ベーコン、キャベツ、粒マスタード
*au bacon, au chou et à la moutarde à l'ancienne*

**材料**（18cmパウンド型1台分）
ベーコンと野菜のソテー
- バター（食塩不使用） 5g
- ベーコン（ブロック） 60g
- にんじん 70g
- キャベツ 60g

卵 L2個（120g）
サラダ油 60g
牛乳 60ml

A
- 薄力粉 120g
- ベーキングパウダー 小さじ½
- 塩 小さじ¼
- こしょう 適量

粉チーズ 30g
粒マスタード 大さじ1

**下準備**
- 卵は常温（約25℃）にもどす。
- にんじんは長さ5cmの太めのせん切りにする。
- キャベツはひと口大に切る。
- ベーコンは1cm角に切る。
- Aは合わせてふるい、粉チーズと合わせる 。
- 型にオーブン用シートを敷く（P9参照）。
- オーブンはほどよいタイミングで200℃に予熱する。

**作り方**
1. ベーコンと野菜のソテーを作る。フライパンにバターを中火で溶かし、ベーコン、にんじん、キャベツを順に入れて炒める。キャベツがしんなりとしたらバットに移し、そのまま冷ます ⓑ。
2. ボウルに卵とサラダ油を入れ、泡立て器でなめらかになるまで静かに混ぜる。
3. 牛乳を加え、ざっと混ぜる。
4. 粉チーズと合わせたAを加え、片手でボウルを回しながら、ゴムべらで底から大きくすくい返すようにして全体を10回ほど混ぜる。少し粉が残るくらいでOK。
5. 1のベーコンと野菜のソテーと粒マスタードを加え、同様に10回ほど混ぜる。粉けがなくなり、表面につやが出たらOK。
6. 型に5を流し入れ、底を台に2～3回打ちつけて生地の表面を平らにならす ⓒ。予熱完了後に180℃に下げたオーブンで35～40分焼く。
7. 表面に焼き色がつき、竹串を刺してもなにもついてこなければできあがり。オーブン用シートごと型からはずし、網に上げて粗熱をとる ⓓ。すぐに食べない場合はそのまま冷ます。

**Note**
- 粒マスタードの辛み、粉チーズの風味が効いていて朝食にもぴったり。具がたっぷりと入っているので満足感もある。
- ベーコンの代わりにソーセージやハムで作ってもおいしい。

サレにする

---

## CARROT CAKE サーモンとブロッコリー

**材料**（18cmパウンド型1台分）
卵 L2個（120g）
サラダ油 60g
牛乳 60ml

A
- 薄力粉 120g
- ベーキングパウダー 小さじ½
- 塩 小さじ¼
- こしょう 適量

粉チーズ 30g
にんじん 70g
ブロッコリー 130g
スモークサーモン（薄切り） 70g

**下準備**
- 上の「クミン風味のにんじん」と同様にする。ただしじゃがいもは不要。
- にんじんは1cm角に切る。
- ブロッコリーは小さめの小房に分ける。
- スモークサーモンは3～4等分に切る。飾り用に小さめのものを3～4切れ取り分ける。

# CARROT CAKE クミン風味のにんじん　*aux carottes et au cumin*

**材料**（18cmパウンド型1台分）
クミン風味のにんじん
　にんじん　100g
　サラダ油　大さじ1
　クミンシード　大さじ1
卵　L2個（120g）
サラダ油　60g
牛乳　60mℓ
A
　薄力粉　120g
　ベーキングパウダー　小さじ1/2
　塩　小さじ1/4
　カレー粉　小さじ1/4
粉チーズ　30g
じゃがいも（メークイン）　1個（100〜150g）

**下準備**
○卵は常温（約25℃）にもどす。
○じゃがいもは乱切りにして ⓐ 水にさらす。小鍋に湯を沸かして塩少々（分量外）を入れ、5分ほどゆで ⓑ 水けをきる。
○Aは合わせてふるい、粉チーズと合わせる。
○型にオーブン用シートを敷く（P9参照）。
○オーブンはほどよいタイミングで200℃に予熱する。

> *Note*　○にんじんをクミン風味に炒めた。じゃがいもとにんじんの異なる2つの食感が楽しい。独特の辛みとスパイシーな香りに食欲がそそられる。
> ○じゃがいもは形が崩れにくいメークインを使用。ない場合は男爵で作ってもよい。

**作り方**

1. クミン風味のにんじんを作る。にんじんは長さ4〜5cmのせん切りにする。フライパンにサラダ油を中火で熱し、にんじんを入れてしんなりするまで炒める。クミンシードを加えてさっと炒め合わせ ⓒ、バットに移してそのまま冷ます ⓓ。
2. ボウルに卵とサラダ油を入れ、泡立て器でなめらかになるまで静かに混ぜる。
3. 牛乳を加え、ざっと混ぜる。
4. 粉チーズと合わせたAを加え、片手でボウルを回しながら、ゴムべらで底から大きくすくい返すようにして全体を10回ほど混ぜる。少し粉けが残るくらいでOK。
5. 1のクミン風味のにんじんを加え、同様に10回ほど混ぜる。粉けがなくなり、表面につやが出たらOK。
6. 型に5の1/3量を流し入れ、ゴムべらで生地の表面を軽くならし、じゃがいもの1/2量を全体にのせる。これをもう一度繰り返す。残りの5を流し入れ、生地の表面を軽くならす。予熱完了後に180℃に下げたオーブンで35〜40分焼く。
7. 表面に焼き色がつき、竹串を刺してもなにもついてこなければできあがり。オーブン用シートごと型からはずし、網に上げて粗熱をとる。すぐに食べない場合はそのまま冷ます。

ⓐ　ⓑ　ⓒ　ⓓ

---

*au saumon fumé et au brocoli*

**作り方**

1. 小鍋に湯を沸かして塩少々（分量外）を入れ、にんじんを入れて30秒ほどゆで ⓐ、取り出して水けをきる。さらにブロッコリーを入れて30秒ほどゆで ⓑ、取り出して水けをきる。ブロッコリー6房は飾り用に取り分ける。
2. 上の「クミン風味のにんじん」の2〜7と同様に作る。ただし5ではクミン風味のにんじんの代わりに1のにんじんと飾り用以外のブロッコリーを加える。6ではじゃがいもの代わりに飾り用以外のスモークサーモンを同様に2回に分けてのせ ⓒ、生地をすべて流し入れたあとに飾り用のブロッコリーとスモークサーモンを全体にのせる ⓓ。

> *Note*　○スモークサーモンの代わりにツナで作ってもおいしい。
> ○ブロッコリーは食感を残したいので、ゆですぎに気をつけて、硬めに仕上げる。
> ○生地全体がゆるめなので、表面は軽くならす程度で十分平らになる。

### サレを作るときのポイント

　生地の基本の材料は卵、サラダ油、牛乳、薄力粉、ベーキングパウダー、塩、粉チーズ。砂糖は入れません。甘いキャロットケーキと比べると、サラダ油とベーキングパウダーの量は同じですが、卵、牛乳、薄力粉の量が増え、さらに塩や粉チーズが加わります。牛乳が増えたぶんだけ生地がゆるめになり、型に入れるときは9分目を目安にします。また、ベーキングソーダを加えていないので膨らみが若干弱くなります。
　焼き上がったら型からはずして粗熱をとり、温かいうちにめしあがってください。冷たくなってしまった場合でも、オーブンでリベイクするなどして温めるのがおすすめです。

# POUND CAKES

## 野菜のパウンドケーキ

バナナケーキ、キャロットケーキと同様に、
生地に野菜を混ぜ込んだパウンドケーキです。
どれも野菜の甘みを生かし、老若男女、誰もが食べやすい味にしています。
冷ましてから食べても、温かいうちに食べても、どちらもとっても美味！

## 基本の材料

**バター**
生地には発酵バター(食塩不使用)を使用したが、普通のバター(食塩不使用)でも大きな違いは出ない。発酵バターにはさわやかな酸味があるので、より軽やかな仕上がりになる。

**グラニュー糖**
砂糖はくせのないグラニュー糖。製菓用の微粒子タイプであれば生地にもなじみやすい。上白糖だと味が少々変わってしまう。

**卵**
Lサイズ1個、正味60gが目安。なるべく新鮮なものがよい。個体差があるので計量して確認を。±5g程度は許容範囲。生地になじみやすいように常温(約25℃)にもどしてから使う。

**薄力粉**
きめの細かい仕上がりになる製菓用の「スーパーバイオレット」を使用したが、「バイオレット」でもよい。食感が変わってしまうので「フラワー」は避ける。

**ベーキングパウダー**
生地を膨張させ、焼き菓子をふっくらと焼き上げる。アルミニウムフリーのものを使用。

> *Note* ○バナナケーキやキャロットケーキと同様に、完全に冷めたらラップで包み、冷蔵室で保存する。保存の目安は4〜5日。
> ○冷やすと硬くなるので、食べるときは常温にもどす。カットしたものをラップで包んで耐熱性の皿にのせ、電子レンジで20秒ほど加熱して温めて食べてもおいしい。

POUND CAKE
さつまいものパウンドケーキ
*aux patates douces*

材料（18cmパウンド型1台分）
さつまいものソテー
- さつまいも（皮つき） 120g
- バター（食塩不使用） 5g
- グラニュー糖 小さじ2
- ラム酒（あれば） 大さじ1/2

さつまいものペースト
- さつまいも 70g
- 牛乳 小さじ2

バター（食塩不使用） 70g
グラニュー糖 30g
メープルシュガー 30g
卵 L1個（60g）
A
- 薄力粉 70g
- ベーキングパウダー 小さじ1/2

下準備
○バターは常温（約25℃）にもどす（さつまいものソテー用のバターは冷たいままで可）。
○卵は常温（約25℃）にもどし、フォークなどで溶きほぐす。
○Aは合わせてふるう。
○型にオーブン用シートを敷く（P9参照）。
○オーブンはほどよいタイミングで200℃に予熱する。

Note
○さつまいもの甘みが強く、ほくほくとしていておいしい。クランブル（P32参照）をのせて焼くのもおすすめ。
○メープルシュガーの代わりにきび砂糖やグラニュー糖を使用してもOK。
○焼き上がった生地の表面にはけでラム酒大さじ1を塗り、温かいうちにラップをしてそのままおいておくと、冷めるころには酒の風味がよくしみて、とてもおいしくなる。
○子ども用に酒類を抜いて作りたい場合は、さつまいものソテーのラム酒は加えなくてもよい。

作り方

1 さつまいものソテーを作る。さつまいもは皮つきのまま1cm角に切り ⓐ、水にさらしてあくを抜き、水けをきる。耐熱性のボウルに入れてふんわりとラップをし、電子レンジで2分ほど加熱する。

2 フライパンにバターを中火で溶かし、さつまいもとグラニュー糖を入れて炒める。グラニュー糖が溶けてきたら強火にし、ラム酒を加えて ⓑ さっとからめる。バットに移し、そのまま冷ます。さつまいものソテーのできあがり。

3 さつまいものペーストを作る。さつまいもは皮をむいて1cm角に切り ⓒ、水にさらしてあくを抜き、水けをきる。耐熱性のボウルに入れてふんわりとラップをし、電子レンジで2分30秒ほど加熱する。やわらかくなったら熱いうちにフォークの背でつぶし、ペースト状にする ⓓ。少しかたまりが残っていてもOK。牛乳を加えてよく混ぜる。

4 ボウルにバター、グラニュー糖、メープルシュガーを入れ、ゴムべらで砂糖が完全になじむまですり混ぜる ⓔ。

5 ハンドミキサーの高速で全体に空気を含ませるようにしながら2～3分混ぜる ⓕ。

6 卵を5回ほどに分けて加え ⓖ、そのつどハンドミキサーの低速で10秒ほど混ぜてから高速にしてさらに混ぜ、全体になじむまでしっかりと混ぜ合わせる。

7 3のさつまいものペーストを加え、ゴムべらで軽く混ぜてなじませる。

8 Aを加え、片手でボウルを回しながら、底から大きくすくい返すようにして全体を10回ほど混ぜる ⓗ。少し粉けが残るくらいでOK。

9 2のさつまいものソテーを加え ⓘ、同様に10回ほど混ぜる。粉けがなくなり、表面につやが出たらOK ⓙ。

10 型に9を入れ、底を台に2～3回打ちつけて生地の表面を平らにならす ⓚ。予熱完了後に180℃に下げたオーブンで35分ほど焼く。

11 裂け目に軽く焼き色がつき、竹串を刺してもなにもついてこなければできあがり ⓛ。オーブン用シートごと型からはずし、網に上げて冷ます。

POUND CAKE
とうもろこしのパウンドケーキ
*au maïs*

### 材料（18cmパウンド型1台分）

とうもろこしのソテー
| ホールコーン（缶）ⓐ　1缶（120g）
| バター（食塩不使用）　5g
バター（食塩不使用）　70g
グラニュー糖　50g
塩　ひとつまみ
卵　L1個（60g）
A
| 薄力粉　50g
| コーンミールⓑ　20g
| ベーキングパウダー　小さじ½
牛乳　小さじ2
コーンミール　5g

### 下準備

○バターは常温（約25℃）にもどす（とうもろこしのソテー用のバターは冷たいままで可）。
○卵は常温（約25℃）にもどし、フォークなどで溶きほぐす。
○Aは合わせてふるう。
○型にオーブン用シートを敷く（P9参照）。
○オーブンはほどよいタイミングで200℃に予熱する。

### 作り方

1　とうもろこしのソテーを作る。ホールコーンは缶汁をきる。フライパンにバターを中火で溶かし、ホールコーンを入れて表面に少し焼き色がつくまで炒めるⓒ。バットに移し、そのまま冷ますⓓ。

2　ボウルにバター、グラニュー糖、塩を入れ、ゴムべらでグラニュー糖と塩が完全になじむまですり混ぜる。

3　ハンドミキサーの高速で全体に空気を含ませるようにしながら2〜3分混ぜる。

4　卵を5回ほどに分けて加え、そのつどハンドミキサーの低速で10秒ほど混ぜてから高速にしてさらに混ぜ、全体になじむまでしっかりと混ぜ合わせる。

5　Aを加え、片手でボウルを回しながら、ゴムべらで底から大きくすくい返すようにして全体を10回ほど混ぜる。少し粉けが残るくらいでOK。

6　1のとうもろこしのソテーを加え、同様に5回ほど混ぜる。さらに牛乳を加え、同様に10回ほど混ぜる。粉けがなくなり、表面につやが出たらOK。

7　型に6を入れ、底を台に2〜3回打ちつけて生地の表面を平らにならし、コーンミールを散らす。予熱完了後に180℃に下げたオーブンで35分ほど焼く。

8　裂け目に軽く焼き色がつき、竹串を刺してもなにもついてこなければできあがり。オーブン用シートごと型からはずし、網に上げて冷ます。

> *Note*　○コーンブレッドのようなケーク。とうもろこしはソテーして香ばしさもプラス。ふわふわの生地によく合う。トッピングのコーンミールがカリッと焼けて味と風味のアクセントに。
> ○とうもろこしに甘みがあるので、生地のグラニュー糖は減らした。

 ⓐ ホールコーン（缶）
甘みの強いスイートコーンが原料。1粒ずつ形が残っているので歯ごたえも楽しめる。水っぽくならないように、缶汁をきってから使用すること。

ⓑ コーンミール
乾燥とうもろこしを粉砕したもの。焼き菓子やパンの生地に加えると、とうもろこし独特のやさしい甘み、香ばしさが加わる。

POUND CAKE
かぼちゃのパウンドケーキ
*au potiron*

## 材料（18cmパウンド型1台分）
- バター（食塩不使用） 70g
- グラニュー糖 55g
- かぼちゃ 90+70g
- 卵 L1個(60g)
- A
  - 薄力粉 70g
  - ベーキングパウダー 小さじ½
  - シナモンパウダー 小さじ½
- ブランデー（あれば） 大さじ1

## 下準備
- バターは常温（約25℃）にもどす。
- 卵は常温（約25℃）にもどし、フォークなどで溶きほぐす。
- かぼちゃ90gは2～3cm四方の薄切りにして耐熱性のボウルに入れ、ふんわりとラップをして ⓐ電子レンジで2分30秒ほど加熱する。やわらかくなったら、熱いうちにボウルで受けた万能こし器（またはざる）で裏ごしをして ⓑ、ペースト状にする（正味60～65gになる）。
- 残りのかぼちゃ70gは1cm角に切る。耐熱性のボウルに入れてふんわりとラップをし、電子レンジで1分ほど加熱する。
- Aは合わせてふるう。
- 型にオーブン用シートを敷く（P9参照）。
- オーブンはほどよいタイミングで200℃に予熱する。

## 作り方
1. ボウルにバターとグラニュー糖を入れ、ゴムべらでグラニュー糖が完全になじむまですり混ぜる。
2. ハンドミキサーの高速で全体に空気を含ませるようにしながら2～3分混ぜる。
3. ペースト状にしたかぼちゃ60～65gを2～3回に分けて加え、そのつどハンドミキサーの低速で10秒ほど混ぜてから高速にしてさらに混ぜⓒ、全体になじむまでしっかりと混ぜ合わせるⓓ。
4. 卵を5回ほどに分けて加え、同様に混ぜ合わせる。
5. Aを加え、片手でボウルを回しながら、ゴムべらで底から大きくすくい返すようにして全体を15回ほど混ぜる。少し粉けが残るくらいでOK。
6. 1cm角に切ったかぼちゃ70gを加え、同様に10回ほど混ぜる。粉けがなくなり、表面につやが出たらOK。
7. 型に6を入れ、底を台に2～3回打ちつけて生地の表面を平らにならす。予熱完了後に180℃に下げたオーブンで35分ほど焼く。
8. 裂け目に軽く焼き色がつき、竹串を刺してもなにもついてこなければできあがり。オーブン用シートごと型からはずし、網に上げる。
9. 熱いうちにオーブン用シートをはがし、ブランデーをはけでトップと側面に塗ってⓔ、すぐにラップでぴったりと包み、そのまま冷ますⓕ。

**Note**
- かぼちゃの甘み、シナモンの風味、ブランデーの香りがよく合う、しっとりとしたケーキ。
- かぼちゃは硬さがあり、水っぽくないものを選ぶこと。水分が多いとうまく膨らまない原因になる。
- かぼちゃは90gを裏ごしすると60～65gのペーストが取れる。裏ごしをしたら必ず計量し、65g以上になる場合は減らす。
- 子ども用に酒類を抜いて作りたい場合は、仕上げのブランデーは塗らなくてもOK。その場合は網に上げたまま冷ます。

## 高石紀子　Noriko Takaishi

菓子研究家。神戸出身。ル・コルドン・ブルー神戸校でディプロムを取得したのちに渡仏。リッツ・エスコフィエで学び、ホテル・リッツ、ブレ・シュクレなどの人気店でスタージュを経験。帰国後は都内の洋菓子店での勤務を経て独立。現在はフランス菓子の料理教室、アパレルブランド向けのケータリング、通信販売などを手がける。フルーツ使いが巧みなケーキやサブレを得意とし、素朴ながら飽きのこない、おいしいお菓子を追究する。愛読書はJ・シュペルヴィエルの『海に住む少女』。本書が初の著書。
http://norikotakaishi.com/

| | |
|---|---|
| 撮影 | 三木麻奈 |
| スタイリング | 西﨑弥沙 |
| デザイン | 三上祥子(Vaa) |
| イラスト | 佐伯ゆう子 |
| 文 | 佐藤友恵 |
| 校閲 | 滄流社 |
| 編集 | 小田真一 |

［食材協力］
クオカ
http://www.cuoca.com/
☎ 0570-00-1417

## やさしい甘さのバナナケーキ、食事にもなるキャロットケーキ

著　者　高石紀子
編集人　小田真一
発行人　永田智之
発行所　株式会社主婦と生活社
　　　　〒104-8357 東京都中央区京橋3-5-7
　　　　［編集部］☎ 03-3563-5321
　　　　［販売部］☎ 03-3563-5121
　　　　［生産部］☎ 03-3563-5125
　　　　http://www.shufu.co.jp/
製版所　東京カラーフォト・プロセス株式会社
印刷所　大日本印刷株式会社
製本所　大日本印刷株式会社

ISBN978-4-391-14990-6

十分に気をつけながら造本していますが、落丁、乱丁本はお取り替えいたします。お買い求めの書店か、小社生産部にお申し出ください。

®本書を無断で複写複製（電子化を含む）することは、著作権法上の例外を除き、禁じられています。本書をコピーされる場合は、事前に日本複製権センター（JRRC）の許諾を受けてください。また、本書を代行業者等の第三者に依頼してスキャンやデジタル化をすることは、たとえ個人や家庭内の利用であっても、一切認められておりません。
JRRC［URL］https://jrrc.or.jp/　［Eメール］jrrc_info@jrrc.or.jp
［TEL］03-3401-2382

© NORIKO TAKAISHI 2017 Printed in Japan